E.T.A. Hoffmann

Der Sandmann

Texte • Medien

E.T.A. Hoffmann

Der Sandmann

Erarbeitet von Dieter Schrey

Schroedel

Texte.Medien

Herausgegeben von
Peter Bekes und Volker Frederking

Druck A 2 / 2007
Alle Drucke der Serie A sind im Unterricht parallel verwendbar.

Redaktion: Franziska Voigt, Hamburg
Herstellung: Barbara Frankhuizen
Reihentypografie: Iris Farnschläder, Hamburg
Satz und Repro: UMP Utesch Media Processing GmbH, Hamburg
Druck: Clausen & Bosse, Leck
Titelbild: Richard Lindner: Fun city: Girl with hoop
© Rheinisches Bildarchiv Köln. Besitz Museum Ludwig, Köln

Das Texte.Medien-Programm zu »Der Sandmann«:
978-3-507-47010-1 Textausgabe mit Materialien
978-3-507-47110-8 Arbeitsheft
978-3-507-47210-5 Informationen für Lehrerinnen und Lehrer

Informationen und Materialien im Internet
www.schroedel.de/textemedien

ISBN 978-3-507-47010-1

Inhalt

Wirkung

Mediale Gestaltung

E. T. A. Hoffmann

Der Sandmann 1816

Nathanael an Lothar

Gewiss seid ihr alle voll Unruhe, dass ich so lange – lange nicht geschrieben. Mutter zürnt wohl, und Clara mag glauben, ich lebe hier in Saus und Braus und vergesse mein holdes Engelsbild, so tief mir in Herz und Sinn eingeprägt, ganz und gar. – Dem ist aber nicht so; täglich und stündlich gedenke ich eurer Aller und in süßen Träumen geht meines holden Clärchens freundliche Gestalt vorüber und lächelt mich mit ihren hellen Augen so anmutig an, wie sie wohl pflegte, wenn ich zu euch hineintrat. – Ach wie vermochte ich denn euch zu schreiben, in der zerrissenen Stimmung des Geistes, die mir bisher alle Gedanken verstörte! – Etwas Entsetzliches ist in mein Leben getreten! – Dunkle Ahnungen eines grässlichen mir drohenden Geschicks breiten sich wie schwarze Wolkenschatten über mich aus, undurchdringlich jedem freundlichen Sonnenstrahl. – Nun soll ich dir sagen, was mir widerfuhr. Ich muss es, das sehe ich ein, aber nur es denkend, lacht es wie toll aus mir heraus. – Ach mein herzlieber Lothar! wie fange ich es denn an, dich nur einigermaßen empfinden zu lassen, dass das, was mir vor einigen Tagen geschah, denn wirklich mein Leben so feindlich zerstören konnte! Wärst du nur hier, so könntest du selbst schauen; aber jetzt hältst du mich gewiss für einen aberwitzigen Geisterseher. – Kurz und gut, das Entsetzliche, was mir geschah, dessen tödlichen Eindruck zu ver-

Clara
→ Seite 123

aberwitzigen Geisterseher
unvernünftigen Fantasten
→ Seite 123

meiden ich mich vergebens bemühe, besteht in nichts anderm, als dass vor einigen Tagen, nämlich am 30. Oktober mittags um 12 Uhr, ein Wetterglashändler in meine Stube trat und mir seine Ware anbot. Ich kaufte nichts und drohte, ihn die Treppe herabzuwerfen, worauf er aber von selbst fortging. –

Wetterglashändler Wetterglas: Instrument zur Wettervorhersage

Du ahnest, dass nur ganz eigne, tief in mein Leben eingreifende Beziehungen diesem Vorfall Bedeutung geben können, ja, dass wohl die Person jenes unglückseligen Krämers gar feindlich auf mich wirken muss. So ist es in der Tat. Mit aller Kraft fasse ich mich zusammen, um ruhig und geduldig dir aus meiner frühern Jugendzeit so viel zu erzählen, dass deinem regen Sinn alles klar und deutlich in leuchtenden Bildern aufgehen wird. Indem ich anfangen will, höre ich dich lachen und Clara sagen: das sind ja rechte Kindereien! – Lacht, ich bitte euch, lacht mich recht herzlich aus! – ich bitt' euch sehr! – Aber Gott im Himmel! die Haare sträuben sich mir und es ist, als flehe ich euch an, mich auszulachen, in wahnsinniger Verzweiflung, wie Franz Moor den Daniel. – Nun fort zur Sache! –

unglückseligen Unglück bringenden

wie Franz Moor den Daniel → Seite 123

Außer dem Mittagsessen sahen wir, ich und mein Geschwister, Tag über den Vater wenig. Er mochte mit seinem Dienst viel beschäftigt sein. Nach dem Abendessen, das alter Sitte gemäß schon um sieben Uhr aufgetragen wurde, gingen wir alle, die Mutter mit uns, in des Vaters Arbeitszimmer und setzten uns um einen runden Tisch. Der Vater rauchte Tabak und trank ein großes Glas Bier dazu. Oft erzählte er uns viele wunderbare Geschichten und geriet darüber so in Eifer, dass ihm die Pfeife immer ausging, die ich, ihm brennend Papier hinhaltend, wieder anzünden musste, welches mir denn ein Hauptspaß war. Oft gab er uns aber Bilderbücher in die Hände, saß stumm und starr in seinem Lehnstuhl und blies starke Dampfwolken von sich, dass wir alle wie im Nebel schwammen. An solchen Abenden war die Mutter sehr trau-

mein Geschwister meine Geschwister

rig und kaum schlug die Uhr neun, so sprach sie: Nun Kinder! – zu Bette! zu Bette! der Sandmann kommt, ich merk' es schon. Wirklich hörte ich dann jedes Mal etwas schweren langsamen Tritts die Treppe heraufpoltern; das musste der Sandmann sein. Einmal war mir jenes dumpfe Treten und Poltern besonders graulich; ich frug die Mutter, indem sie uns fortführte: Ei Mama! wer ist denn der böse Sandmann, der uns immer von Papa forttreibt? – wie sieht er denn aus? »Es gibt keinen Sandmann, mein liebes Kind, erwiderte die Mutter: wenn ich sage, der Sandmann kommt, so will das nur heißen, ihr seid schläfrig und könnt die Augen nicht offen behalten, als hätte man euch Sand hineingestreut.« – Der Mutter Antwort befriedigte mich nicht, ja in meinem kindischen Gemüt entfaltete sich deutlich der Gedanke, dass die Mutter den Sandmann nur verleugne, damit wir uns vor ihm nicht fürchten sollten, ich hörte ihn ja immer die Treppe heraufkommen. Voll Neugierde, Näheres von diesem Sandmann und seiner Beziehung auf uns Kinder zu erfahren, frug ich endlich die alte Frau, die meine jüngste Schwester wartete: was denn das für ein Mann sei, der Sandmann? »Ei Thanelchen, erwiderte diese, weißt du das noch nicht? Das ist ein böser Mann, der kommt zu den Kindern, wenn sie nicht zu Bett' gehen wollen und wirft ihnen Hände voll Sand in die Augen, dass sie blutig zum Kopf herausspringen, die wirft er dann in den Sack und trägt sie in den Halbmond zur Atzung für seine Kinderchen; die sitzen dort im Nest und haben krumme Schnäbel, wie die Eulen, damit picken sie der unartigen Menschenkindlein Augen auf.« – Grässlich malte sich nun im Innern mir das Bild des grausamen Sandmanns aus; so wie es abends die Treppe heraufpolterte, zitterte ich vor Angst und Entsetzen. Nichts als den unter Tränen hergestotterten Ruf: der Sandmann! der Sandmann! konnte die Mutter aus mir herausbringen. Ich lief darauf in das Schlafzimmer, und wohl

Sandmann → Seite 123

kindischen kindlichen

wartete versorgte

Thanelchen Koseform von Nathanael → Seite 123

Atzung Fütterung von Raubvögeln

die ganze Nacht über quälte mich die fürchterliche Erscheinung des Sandmanns. – Schon alt genug war ich geworden, um einzusehen, dass das mit dem Sandmann und seinem Kindernest im Halbmonde, so wie es mir die Wartefrau erzählt hatte, wohl nicht ganz seine Richtigkeit haben könne; indessen blieb mir der Sandmann ein fürchterliches Gespenst, und Grauen – Entsetzen ergriff mich, wenn ich ihn nicht allein die Treppe heraufkommen, sondern auch meines Vaters Stubentür heftig aufreißen und hineintreten hörte. Manchmal blieb er lange weg, dann kam er öfter hintereinander. Jahre lang dauerte das, und nicht gewöhnen konnte ich mich an den unheimlichen Spuk, nicht bleicher wurde in mir das Bild des grausigen Sandmanns. Sein Umgang mit dem Vater fing an meine Fantasie immer mehr und mehr zu beschäftigen: den Vater darum zu befragen hielt mich eine unüberwindliche Scheu zurück, aber selbst – selbst das Geheimnis zu erforschen, den fabelhaften Sandmann zu sehen, dazu keimte mit den Jahren immer mehr die Lust in mir empor. Der Sandmann hatte mich auf die Bahn des Wunderbaren, Abenteuerlichen gebracht, das so schon leicht im kindlichen Gemüt sich einnistet. Nichts war mir lieber, als schauerliche Geschichten von Kobolten, Hexen, Däumlingen u. s. w. zu hören oder zu lesen; aber obenan stand immer der Sandmann, den ich in den seltsamsten, abscheulichsten Gestalten überall auf Tische, Schränke und Wände mit Kreide, Kohle, hinzeichnete. Als ich zehn Jahre alt geworden, wies mich die Mutter aus der Kinderstube in ein Kämmerchen, das auf dem Korridor unfern von meines Vaters Zimmer lag. Noch immer mussten wir uns, wenn auf den Schlag neun Uhr sich jener Unbekannte im Hause hören ließ, schnell entfernen. In meinem Kämmerchen vernahm ich, wie er bei dem Vater hineintrat und bald darauf war es mir dann, als verbreite sich im Hause ein feiner seltsam riechender Dampf. Immer höher mit der Neugierde wuchs

den fabelhaften Sandmann **den Sandmann aus der Fabel, dem Märchen** der Mut, auf irgendeine Weise des Sandmanns Bekanntschaft zu machen. Oft schlich ich schnell aus dem Kämmerchen auf den Korridor, wenn die Mutter vorübergegangen, aber nichts konnte ich erlauschen, denn immer war der Sandmann schon zur Türe hinein, wenn ich den Platz erreicht hatte, wo er mir sichtbar werden musste. Endlich von unwiderstehlichem Drange getrieben, beschloss ich, im Zimmer des Vaters selbst mich zu verbergen und den Sandmann zu erwarten.

An des Vaters Schweigen, an der Mutter Traurigkeit merkte ich eines Abends, dass der Sandmann kommen werde; ich schützte daher große Müdigkeit vor, verließ schon vor neun Uhr das Zimmer und verbarg mich dicht neben der Türe in einen Schlupfwinkel. Die Haustür knarrte, durch den Flur ging es, langsamen, schweren, dröhnenden Schrittes nach der Treppe. Die Mutter eilte mit dem Geschwister mir vorüber. Leise – leise öffnete ich des Vaters Stubentür. Er saß, wie gewöhnlich, stumm und starr den Rücken der Türe zugekehrt, er bemerkte mich nicht, schnell war ich hinein und hinter der Gardine, die einem gleich neben der Türe stehenden offnen Schrank, worin meines Vaters Kleider hingen, vorgezogen war. – Näher – immer näher dröhnten die Tritte – es hustete und scharrte und brummte seltsam draußen. Das Herz bebte mir vor Angst und Erwartung. – Dicht, dicht vor der Türe ein scharfer Tritt – ein heftiger Schlag auf die Klinke, die Tür springt rasselnd auf! – Mit Gewalt mich ermannend gucke ich behutsam hervor. Der Sandmann steht mitten in der Stube vor meinem Vater, der helle Schein der Lichter brennt ihm ins Gesicht! – Der Sandmann, der fürchterliche Sandmann ist der alte Advokat Coppelius, der manchmal bei uns zu Mittage isst! –

Coppelius
→ Seite 123

Aber die grässlichste Gestalt hätte mir nicht tieferes Entsetzen erregen können, als eben dieser Coppelius. – Denke dir einen großen breitschultrigen Mann mit einem unförmlich dicken Kopf, erdgelbem Gesicht, buschigten grauen

Augenbrauen, unter denen ein paar grünliche Katzenaugen stechend hervorfunkeln, großer, starker über die Oberlippe gezogener Nase. Das schiefe Maul verzieht sich oft zum hämischen Lachen; dann werden auf den Backen ein paar dunkelrote Flecke sichtbar und ein seltsam zischender Ton fährt durch die zusammengekniffenen Zähne. Coppelius erschien immer in einem altmodisch zugeschnittenen aschgrauen Rocke, eben solcher Weste und gleichen Beinkleidern, aber dazu schwarze Strümpfe und Schuhe mit kleinen Steinschnallen. Die kleine Perücke reichte kaum bis über den Kopfwirbel heraus, die Kleblocken standen hoch über den großen roten Ohren und ein breiter verschlossener Haarbeutel starrte von dem Nacken weg, sodass man die silberne Schnalle sah, die die gefältelte Halsbinde schloss. Die ganze Figur war überhaupt widrig und abscheulich; aber vor allem waren uns Kindern seine großen knotigten, haarigten Fäuste zuwider, sodass wir, was er damit berührte, nicht mehr mochten. Das hatte er bemerkt und nun war es seine Freude, irgendein Stückchen Kuchen, oder eine süße Frucht, die uns die gute Mutter heimlich auf den Teller gelegt, unter diesem, oder jenem Vorwande zu berühren, dass wir, helle Tränen in den Augen, die Näscherei, der wir uns erfreuen sollten, nicht mehr genießen mochten vor Ekel und Abscheu. Ebenso machte er es, wenn uns an Feiertagen der Vater ein klein Gläschen süßen Weins eingeschenkt hatte. Dann fuhr er schnell mit der Faust herüber, oder brachte wohl gar das Glas an die blauen Lippen und lachte recht teuflisch, wenn wir unsern Ärger nur leise schluchzend äußern durften. Er pflegte uns nur immer die kleinen Bestien zu nennen; wir durften, war er zugegen, keinen Laut von uns geben und verwünschten den hässlichen, feindlichen Mann, der uns recht mit Bedacht und Absicht auch die kleinste Freude verdarb. Die Mutter schien ebenso, wie wir, den widerwärtigen Coppelius zu hassen;

Kleblocken **seitlich an die Perücke angeklebte Haarrollen**

Haarbeutel **Beutel für die gepuderten Nackenhaare**

denn so wie er sich zeigte, war ihr Frohsinn, ihr heiteres unbefangenes Wesen umgewandelt in traurigen, düstern Ernst. Der Vater betrug sich gegen ihn, als sei er ein höheres Wesen, dessen Unarten man dulden und das man auf jede Weise bei guter Laune erhalten müsse. Er durfte nur leise andeuten und Lieblingsgerichte wurden gekocht und seltene Weine kredenzt.

durfte nur … andeuten **brauchte nur anzudeuten**

Als ich nun diesen Coppelius sah, ging es grausig und entsetzlich in meiner Seele auf, dass ja niemand anders, als er, der Sandmann sein könne, aber der Sandmann war mir nicht mehr jener Popanz aus dem Ammenmärchen, der dem Eulennest im Halbmonde Kinderaugen zur Atzung holt, – Nein! – ein hässlicher gespenstischer Unhold, der überall, wo er einschreitet, Jammer – Not – zeitliches, ewiges Verderben bringt.

Popanz **Schreckgestalt**

Ich war festgezaubert. Auf die Gefahr entdeckt, und, wie ich deutlich dachte, hart gestraft zu werden, blieb ich stehen, den Kopf lauschend durch die Gardine hervorgestreckt. Mein Vater empfing den Coppelius feierlich. »Auf! – zum Werk«, rief dieser mit heiserer, schnarrender Stimme und warf den Rock ab. Der Vater zog still und finster seinen Schlafrock aus und beide kleideten sich in lange schwarze Kittel. Wo sie *die* hernahmen, hatte ich übersehen. Der Vater öffnete die Flügeltür eines Wandschranks; aber ich sah, dass das, was ich so lange dafür gehalten, kein Wandschrank, sondern vielmehr eine schwarze Höhlung war, in der ein kleiner Herd stand. Coppelius trat hinzu und eine blaue Flamme knisterte auf dem Herde empor. Allerlei seltsames Geräte stand umher. Ach Gott! – wie sich nun mein alter Vater zum Feuer herabbückte, da sah er ganz anders aus. Ein grässlicher krampfhafter Schmerz schien seine sanften ehrlichen Züge zum hässlichen widerwärtigen Teufelsbilde verzogen zu haben. Er sah dem Coppelius ähnlich. Dieser schwang die glutrote Zange und holte damit hell blinkende Massen aus dem dicken

Augen her
→ Seite 124

observieren beobachten
schrob schraubte

Der Alte hat's verstanden!
→ Seite 124
lispelte flüsterte
Nerv und Gebein den ganzen Menschen, Körper und Seele

Qualm, die er dann emsig hämmerte. Mir war es als würden Menschengesichter ringsumher sichtbar, aber ohne Augen – scheußliche, tiefe schwarze Höhlen statt ihrer. »Augen her, Augen her!«, rief Coppelius mit dumpfer dröhnender Stimme. Ich kreischte auf von wildem Entsetzen gewaltig erfasst und stürzte aus meinem Versteck heraus auf den Boden. Da ergriff mich Coppelius, kleine Bestie! – kleine Bestie!, meckerte er zähnfletschend! – riss mich auf und warf mich auf den Herd, dass die Flamme mein Haar zu sengen begann: »Nun haben wir Augen – Augen – ein schön Paar Kinderaugen.« So flüsterte Coppelius, und griff mit den Fäusten glutrote Körner aus der Flamme, die er mir in die Augen streuen wollte. Da hob mein Vater flehend die Hände empor und rief: Meister! Meister! lass meinem Nathanael die Augen – lass sie ihm! Coppelius lachte gellend auf und rief: »Mag denn der Junge die Augen behalten und sein Pensum flennen in der Welt; aber nun wollen wir doch den Mechanismus der Hände und der Füße recht observieren.« Und damit fasste er mich gewaltig, dass die Gelenke knackten, und schrob mir die Hände ab und die Füße und setzte sie bald hier, bald dort wieder ein. »'s steht doch überall nicht recht! 's gut so wie es war! – Der Alte hat's verstanden!« So zischte und lispelte Coppelius; aber alles um mich her wurde schwarz und finster, ein jäher Krampf durchzuckte Nerv und Gebein – ich fühlte nichts mehr. Ein sanfter warmer Hauch glitt über mein Gesicht, ich erwachte wie aus dem Todesschlaf, die Mutter hatte sich über mich hingebeugt. »Ist der Sandmann noch da?«, stammelte ich. »Nein, mein liebes Kind, der ist lange, lange fort, der tut dir keinen Schaden!« – So sprach die Mutter und küsste und herzte den wiedergewonnenen Liebling. –

Was soll ich dich ermüden, mein herzlieber Lothar! was soll ich so weitläufig Einzelnes hererzählen, da noch so vieles zu sagen übrig bleibt? Genug! – ich war bei der Lauscherei entdeckt, und von Coppelius gemisshandelt worden. Angst und Schrecken hatten mir ein hitziges Fieber zugezogen, an dem ich mehrere Wochen krank lag. »Ist der Sandmann noch da?« – Das war mein erstes gesundes Wort und das Zeichen meiner Genesung, meiner Rettung. – Nur noch den schrecklichsten Moment meiner Jugendjahre darf ich dir erzählen; dann wirst du überzeugt sein, dass es nicht meiner Augen Blödigkeit ist, wenn mir nun alles farblos erscheint, sondern, dass ein dunkles Verhängnis wirklich einen trüben Wolkenschleier über mein Leben gehängt hat, den ich vielleicht nur sterbend zerreiße. –

Blödigkeit **Schwäche**

Coppelius ließ sich nicht mehr sehen, es hieß, er habe die Stadt verlassen.

Ein Jahr mochte vergangen sein, als wir der alten unveränderten Sitte gemäß abends an dem runden Tische saßen. Der Vater war sehr heiter und erzählte viel Ergötzliches von den Reisen, die er in seiner Jugend gemacht. Da hörten wir, als es neune schlug, plötzlich die Haustür in den Angeln knarren und langsame eisenschwere Schritte dröhnten durch den Hausflur die Treppe herauf. »Das ist Coppelius«, sagte meine Mutter erblassend. »Ja! – es ist Coppelius«, wiederholte der Vater mit matter gebrochener Stimme. Die Tränen stürzten der Mutter aus den Augen. »Aber Vater, Vater!, rief sie, muss es denn so sein?« »Zum letzten Male!«, erwiderte dieser, »zum letzten Male kommt er zu mir, ich verspreche es dir. Geh' nur, geh' mit den Kindern! – Geht – geht zu Bette! Gute Nacht!«

Mir war es, als sei ich in schweren kalten Stein eingepresst – mein Atem stockte! – Die Mutter ergriff mich beim Arm als ich unbeweglich stehen blieb: »Komm Nathanael, komme nur!« – Ich ließ mich fortführen, ich trat in meine Kammer. »Sei ruhig, sei ruhig, lege dich ins Bette! – schlafe – schlafe«, rief mir die Mutter nach; aber von unbeschreiblicher innerer

Angst und Unruhe gequält, konnte ich kein Auge zutun. Der verhasste abscheuliche Coppelius stand vor mir mit funkelnden Augen und lachte mich hämisch an, vergebens trachtete ich sein Bild loszuwerden. Es mochte wohl schon Mitternacht sein, als ein entsetzlicher Schlag geschah, wie wenn ein Geschütz losgefeuert würde. Das ganze Haus erdröhnte, es rasselte und rauschte bei meiner Türe vorüber, die Haustüre wurde klirrend zugeworfen. »Das ist Coppelius«, rief ich entsetzt und sprang aus dem Bette. Da kreischte es auf in schneidendem trostlosen Jammer, fort stürzte ich nach des Vaters Zimmer, die Türe stand offen, erstickender Dampf quoll mir entgegen, das Dienstmädchen schrie: Ach, der Herr! – der Herr! – Vor dem dampfenden Herde auf dem Boden lag mein Vater tot mit schwarz verbranntem grässlich verzerrtem Gesicht, um ihn herum heulten und winselten die Schwestern – die Mutter ohnmächtig daneben! – »Coppelius, verruchter Satan, du hast den Vater erschlagen!« – So schrie ich auf; mir vergingen die Sinne. Als man zwei Tage darauf meinen Vater in den Sarg legte, waren seine Gesichtszüge wieder mild und sanft geworden, wie sie im Leben waren. Tröstend ging es in meiner Seele auf, dass sein Bund mit dem teuflischen Coppelius ihn nicht ins ewige Verderben gestürzt haben könne. –

Die Explosion hatte die Nachbarn geweckt, der Vorfall wurde ruchtbar und kam vor die Obrigkeit, welche den Coppelius zur Verantwortung vorfordern wollte. Der war aber spurlos vom Orte verschwunden.

Wenn ich dir nun sage, mein herzlieber Freund! dass jener Wetterglashändler eben der verruchte Coppelius war, so wirst du mir es nicht verargen, dass ich die feindliche Erscheinung als schweres Unheil bringend deute. Er war anders gekleidet, aber Coppelius' Figur und Gesichtszüge sind zu tief in mein Innerstes eingeprägt, als dass hier ein Irrtum möglich sein sollte. Zudem hat Coppelius nicht einmal seinen Namen geändert. Er gibt sich hier, wie ich höre, für einen piemontesischen Mechanicus aus, und nennt sich Giuseppe Coppola.

Ich bin entschlossen es mit ihm aufzunehmen und des Vaters Tod zu rächen, mag es denn nun gehen wie es will.

Der Mutter erzähle nichts von dem Erscheinen des grässlichen Unholds – Grüße meine liebe holde Clara, ich schreibe ihr in ruhigerer Gemütsstimmung. Lebe wohl etc. etc.

piemontesischen Mechanicus **Feinmechaniker aus Piemont (Norditalien)**
Giuseppe Coppola **→ Seite 124**

Clara an Nathanael

Wahr ist es, dass du recht lange mir nicht geschrieben hast, aber dennoch glaube ich, dass du mich in Sinn und Gedanken trägst. Denn meiner gedachtest du wohl recht lebhaft, als du deinen letzten Brief an Bruder Lothar absenden wolltest und die Aufschrift, statt an ihn, an mich richtetest. Freudig erbrach ich den Brief und wurde den Irrtum erst bei den Worten inne: Ach mein herzlieber Lothar! – Nun hätte ich nicht weiterlesen, sondern den Brief dem Bruder geben sollen. Aber, hast du mir auch sonst manchmal in kindischer Neckerei vorgeworfen, ich hätte solch' ruhiges, weiblich besonnenes Gemüt, dass ich wie jene Frau, drohe das Haus den Einsturz, noch vor schneller Flucht ganz geschwinde einen falschen Kniff in der Fenstergardine glattstreichen würde, so darf ich doch wohl kaum versichern, dass deines Briefes Anfang mich tief erschütterte. Ich konnte kaum atmen, es flimmerte mir vor den Augen. – Ach, mein herzgeliebter Nathanael! was konnte so Entsetzliches in dein Leben getreten sein! Trennung von dir, dich niemals wieder sehen, der Gedanke durchfuhr meine Brust wie ein glühender Dolchstich. – Ich las und las! – Deine Schilderung des widerwärtigen Coppelius ist grässlich. Erst jetzt vernahm ich, wie dein guter alter Vater solch' entsetzlichen, gewaltsamen Todes starb. Bruder

Lothar, dem ich sein Eigentum zustellte, suchte mich zu beruhigen, aber es gelang ihm schlecht. Der fatale Wetterglashändler Giuseppe Coppola verfolgte mich auf Schritt und Tritt und beinahe schäme ich mich, es zu gestehen, dass er selbst meinen gesunden, sonst so ruhigen Schlaf in allerlei wunderlichen Traumgebilden zerstören konnte. Doch bald, schon den andern Tag, hatte sich alles anders in mir gestaltet. Sei mir nur nicht böse, mein Inniggeliebter, wenn Lothar dir etwa sagen möchte, dass ich trotz deiner seltsamen Ahnung, Coppelius werde dir etwas Böses antun, ganz heitern unbefangenen Sinnes bin, wie immer.

Gerade heraus will ich es dir nur gestehen, dass, wie ich meine, alles Entsetzliche und Schreckliche, wovon du sprichst, nur in deinem Innern vorging, die wahre wirkliche Außenwelt aber daran wohl wenig Teil hatte. Widerwärtig genug mag der alte Coppelius gewesen sein, aber dass er Kinder hasste, das brachte in euch Kindern wahren Abscheu gegen ihn hervor.

alchymistische Versuche
→ Seite 124

Laboranten mit alchimistischen Versuchen Beschäftigten

Natürlich verknüpfte sich nun in deinem kindischen Gemüt der schreckliche Sandmann aus dem Ammenmärchen mit dem alten Coppelius, der dir, glaubtest du auch nicht an den Sandmann, ein gespenstischer, Kindern vorzüglich gefährlicher, Unhold blieb. Das unheimliche Treiben mit deinem Vater zur Nachtzeit war wohl nichts anders, als dass beide insgeheim alchymistische Versuche machten, womit die Mutter nicht zufrieden sein konnte, da gewiss viel Geld unnütz verschleudert und obendrein, wie es immer mit solchen Laboranten der Fall sein soll, des Vaters Gemüt ganz von dem trügerischen Drange nach hoher Weisheit erfüllt, der Familie abwendig gemacht wurde. Der Vater hat wohl gewiss durch eigne Unvorsichtigkeit seinen Tod herbeigeführt, und Coppelius ist nicht Schuld daran: Glaubst du, dass ich den erfahrnen Nachbar Apotheker gestern frug, ob wohl bei chemischen Versuchen eine solche augenblicklich tötende Explosion möglich sei? Der sagte: Ei allerdings und beschrieb mir nach seiner Art gar weitläuftig und umständlich, wie das zugehen könne, und nannte dabei so viel sonderbar klingende Namen, die ich gar nicht zu behalten vermochte. – Nun wirst du wohl unwillig werden über deine Clara, du wirst sagen: in dies kalte Gemüt dringt kein Strahl des Geheimnisvollen, das den Menschen oft mit unsichtbaren Armen umfasst; sie erschaut nur die bunte Oberfläche der Welt und freut sich, wie das kindische Kind über die goldgleißende Frucht, in deren Innerm tödliches Gift verborgen.

Ach mein herzgeliebter Nathanael! glaubst du denn nicht, dass auch in heitern – unbefangenen – sorglosen Gemütern die Ahnung wohnen könne von einer dunklen Macht, die feindlich uns in unserm eignen Selbst zu verderben strebt? Aber verzeih' es mir, wenn ich einfältig' Mädchen mich unterfange, auf irgendeine Weise dir anzudeuten, was ich eigentlich von solchem Kampfe im Innern glaube. – Ich finde wohl gar am Ende nicht die rechten Worte und du lachst mich aus, nicht, weil ich was Dummes meine, sondern weil ich mich so ungeschickt anstelle, es zu sagen.

Gibt es eine dunkle Macht, die so recht feindlich und verräterisch einen Faden in unser Inneres legt, woran sie uns dann festpackt und fortzieht auf einem gefahrvollen verderblichen Wege, den wir sonst nicht betreten haben würden – gibt es eine solche Macht, so muss sie in uns sich, wie wir selbst gestalten, ja unser Selbst werden; denn nur *so* glauben wir an sie und räumen ihr den Platz ein, dessen sie bedarf, um jenes geheime Werk zu vollbringen. Haben wir festen, durch das heitre Leben gestärkten, Sinn genug, um fremdes feindliches Einwirken als solches stets zu erkennen und den Weg, in den uns Neigung und Beruf geschoben, ruhigen Schrittes zu verfolgen, so geht wohl jene unheimliche Macht unter in dem *dunkle physische Macht* in Hoffmanns Handschrift: psychische Macht

Fantom Trugbild

vergeblichen Ringen nach der Gestaltung, die unser eignes Spiegelbild sein sollte. Es ist auch gewiss, fügt Lothar hinzu, dass die dunkle physische Macht, haben wir uns durch uns selbst ihr hingegeben, oft fremde Gestalten, die die Außenwelt uns in den Weg wirft, in unser Inneres hineinzieht, so, dass wir selbst nur den Geist entzünden, der, wie wir in wunderlicher Täuschung glauben, aus jener Gestalt spricht. Es ist das Fantom unseres eigenen Ichs, dessen innige Verwandtschaft und dessen tiefe Einwirkung auf unser Gemüt uns in die Hölle wirft, oder in den Himmel verzückt. – Du merkst, mein herzlieber Nathanael! dass wir, ich und Bruder Lothar uns recht über die Materie von dunklen Mächten und Gewalten ausgesprochen haben, die mir nun, nachdem ich nicht ohne Mühe das Hauptsächlichste aufgeschrieben, ordentlich tiefsinnig vorkommt. Lothars letzte Worte verstehe ich nicht ganz, ich ahne nur, was er meint, und doch ist es mir, als sei alles sehr wahr. Ich bitte dich, schlage dir den hässlichen Advokaten Coppelius und den Wetterglasmann Giuseppe Coppola ganz aus dem Sinn. Sei überzeugt, dass diese fremden Gestalten nichts über dich vermögen; nur der Glaube an ihre feindliche Gewalt kann sie dir in der Tat feindlich machen. Spräche nicht aus jeder Zeile deines Briefes die tiefste Aufregung deines Gemüts, schmerzte mich nicht dein Zustand recht in innerster Seele, wahrhaftig, ich könnte über den Advokaten Sandmann und den Wetterglashändler Coppelius scherzen. Sei heiter – heiter! – Ich habe mir vorgenommen, bei dir zu erscheinen, wie dein Schutzgeist, und den hässlichen Coppola, sollte er es sich etwa beikommen lassen, dir im Traum beschwerlich zu fallen, mit lautem Lachen fortzubannen. Ganz und gar nicht fürchte ich mich vor ihm und vor seinen garstigen Fäusten, er soll mir weder als Advokat eine Näscherei, noch als Sandmann die Augen verderben.

Ewig, mein herzinnigstgeliebter Nathanael etc. etc. etc.

Nathanael an Lothar

Sehr unlieb ist es mir, dass Clara neulich den Brief an dich aus, freilich durch meine Zerstreutheit veranlasstem, Irrtum erbrach und las. Sie hat mir einen sehr tiefsinnigen philosophischen Brief geschrieben, worin sie ausführlich beweiset, dass Coppelius und Coppola nur in meinem Innern existieren und Fantome meines Ichs sind, die augenblicklich zerstäuben, wenn ich sie als solche, erkenne. In der Tat, man sollte gar nicht glauben, dass der Geist, der aus solch' hellen hold lächelnden Kindesaugen, oft wie ein lieblicher süßer Traum, hervorleuchtet, so gar verständig, so magistermäßig distinguieren könne. Sie beruft sich auf dich. Ihr habt über mich gesprochen. Du liesest ihr wohl logische Collegia, damit sie alles fein sichten und sondern lerne. Lass das bleiben! – Übrigens ist es wohl gewiss, dass der Wetterglashändler Giuseppe Coppola keinesweges der alte Advokat Coppelius ist. Ich höre bei dem erst neuerdings angekommenen Professor der Physik, der, wie jener berühmte Naturforscher, Spalanzani heißt und italiänischer Abkunft ist, Collegia. Der kennt den Coppola schon seit vielen Jahren und überdem hört man es auch seiner Aussprache an, dass er wirklich Piemonteser ist. Coppelius war ein Deutscher, aber wie mich dünkt, kein ehrlicher. Ganz beruhigt bin ich nicht. Haltet ihr, du und Clara, mich immerhin für einen düstern Träumer, aber nicht los kann ich den Eindruck werden, den Coppelius' verfluchtes Gesicht auf mich macht. Ich bin froh, dass er fort ist aus der Stadt, wie mir Spalanzani sagt. Dieser Professor ist ein wunderlicher Kauz. Ein kleiner rundlicher Mann, das Gesicht mit starken Backenknochen, feiner Nase, aufgeworfnen Lippen, kleinen stechenden Augen. Doch besser, als in jeder Beschreibung, siehst du ihn, wenn du den Cagliostro, wie er von Chodowiecki in irgendeinem Berlinischen Taschenkalender steht, anschauest. –

magistermäßig distinguieren lehrerhaft unterscheiden

logische Collegia Vorlesungen über Logik

Spalanzani → Seite 124

kein ehrlicher kein rechtmäßiger

Cagliostro → Seite 125

Chodowiecki → Seite 125

So sieht Spalanzani aus. – Neulich steige ich die Treppe herauf und nehme wahr, dass die sonst einer Glastüre dicht vorgezogene Gardine zur Seite einen kleinen Spalt lässt. Selbst weiß ich nicht, wie ich dazu kam, neugierig durchzublicken. Ein hohes, sehr schlank im reinsten Ebenmaß gewachsenes, herrlich gekleidetes Frauenzimmer saß im Zimmer vor einem kleinen Tisch, auf den sie beide Ärme, die Hände zusammengefaltet, gelegt hatte. Sie saß der Türe gegenüber, so, dass ich ihr engelschönes Gesicht ganz erblickte. Sie schien mich nicht zu bemerken, und überhaupt hatten ihre Augen etwas Starres, beinahe möcht' ich sagen, keine Sehkraft, es war mir so, als schliefe sie mit offnen Augen. Mir wurde ganz unheimlich und deshalb schlich ich leise fort ins Auditorium, das daneben gelegen. Nachher erfuhr ich, dass die Gestalt, die ich gesehen, Spalanzanis Tochter, Olimpia war, die er sonderbarer und schlechter Weise einsperrt, so, dass durchaus kein Mensch in ihre Nähe kommen darf. – Am Ende hat es eine Bewandtnis mit ihr, sie ist vielleicht blödsinnig oder sonst. – Weshalb schreibe ich dir aber das alles? Besser und ausführlicher hätte ich dir das mündlich erzählen können. Wisse nämlich, dass ich über vierzehn Tage bei euch bin. Ich muss mein süßes liebes Engelsbild, meine Clara, wiedersehen. Weggehaucht wird dann die Verstimmung sein, die sich (ich muss das gestehen) nach dem fatalen verständigen Briefe meiner bemeistern wollte. Deshalb schreibe ich auch heute nicht an sie.

Tausend Grüße etc. etc. etc.

Auditorium Hörsaal in der Universität

Olimpia → Seite 125

über vierzehn Tage in vierzehn Tagen

Seltsamer und wunderlicher kann nichts erfunden werden, als dasjenige ist, was sich mit meinem armen Freunde, dem jungen Studenten Nathanael, zugetragen, und was ich dir, günstiger Leser! zu erzählen unternommen. Hast du, Geneigtester! wohl jemals etwas erlebt, das deine Brust, Sinn und Gedanken ganz und gar erfüllte, alles andere daraus verdrängend? Es gärte und kochte in dir, zur siedenden Glut entzündet sprang das Blut durch die Adern und färbte höher deine Wangen. Dein Blick war so seltsam als wolle er Gestalten, keinem andern Auge sichtbar, im leeren Raum erfassen und die Rede zerfloss in dunkle Seufzer. Da frugen dich die Freunde: Wie ist Ihnen, Verehrter? – Was haben Sie, Teurer? Und nun wolltest du das innere Gebilde mit allen glühenden Farben und Schatten und Lichtern aussprechen und mühtest dich ab, Worte zu finden, um nur anzufangen. Aber es war dir, als müsstest du nun gleich im ersten Wort alles Wunderbare, Herrliche, Entsetzliche, Lustige, Grauenhafte, das sich zugetragen, recht zusammengreifen, sodass es, wie ein elektrischer Schlag, alle treffe. Doch jedes Wort, alles was Rede vermag, schien dir farblos und frostig und tot. Du suchst und suchst, und stotterst und stammelst, und die nüchternen Fragen der Freunde schlagen, wie eisige Windeshauche, hinein in deine innere Glut, bis sie verlöschen will. Hattest du aber, wie ein kecker Maler, erst mit einigen verwegenen Strichen, den Umriss deines innern Bildes hingeworfen, so trugst du mit leichter Mühe immer glühender und glühender die Farben auf und das lebendige Gewühl mannigfacher Gestalten riss die Freunde fort und sie sahen, wie du, sich selbst mitten im Bilde, das aus deinem Gemüt hervorgegangen! – Mich hat, wie ich es dir, geneigter Leser! gestehen muss, eigentlich niemand nach der Geschichte des jungen Nathanael gefragt; du weißt ja aber wohl, dass ich zu dem wunderlichen Geschlechte der Autoren gehöre, denen, tragen sie etwas so in sich, wie ich es vorhin beschrieben, so zu Mute wird, als frage jeder, der in ihre Nähe kommt und nebenher auch wohl noch die ganze Welt: Was ist es denn? Erzählen Sie Liebster? – So trieb es mich denn gar gewaltig, von Nathanaels verhängnisvollem Leben zu dir zu sprechen. Das Wunderbare, Seltsame davon erfüllte meine ganze Seele, aber eben deshalb und weil ich dich, o mein Leser! gleich geneigt machen musste, Wunderliches zu ertragen, welches nichts Geringes ist, quälte ich mich ab, Nathanaels Geschichte, bedeutend – originell, ergreifend, anzufangen: »Es war einmal« – der schönste Anfang jeder Erzählung, zu nüchtern! – »In der kleinen Provinzial-Stadt S. lebte« – etwas besser, wenigstens ausholend zum Klimax. – Oder gleich medias in res: »Scher' Er sich zum Teufel, rief, Wut und Entsetzen im wilden Blick, der Student Nathanael, als der Wetterglashändler Giuseppe Coppola« – Das hatte ich in der Tat schon aufgeschrieben, als ich in dem wilden Blick des Studenten Nathanael etwas Possierliches zu verspüren glaubte; die Geschichte ist aber gar nicht spaßhaft. Mir kam keine Rede in den Sinn, die nur im mindesten etwas von dem Farbenglanz des innern Bildes abzuspiegeln schien. Ich beschloss gar nicht anzufangen. Nimm, geneigter Leser! die drei Briefe, welche Freund Lothar mir gütigst mitteilte, für den Umriss des Gebildes, in das ich nun erzählend immer mehr und mehr Farbe hineinzutragen mich bemühen werde. Vielleicht gelingt es mir, manche Gestalt, wie ein guter Portraitmaler, so aufzufassen, dass du es ähnlich findest, ohne das Original zu kennen, ja dass es dir ist, als hättest du die Person recht oft schon mit leibhaftigen Augen gesehen. Vielleicht wirst du, o mein Leser! dann glauben, dass nichts wunderlicher und toller sei, als das wirkliche Leben und dass dieses der Dichter doch nur, wie in eines matt geschliffnen Spiegels dunklem Widerschein, auffassen könne.

Klimax stufenweise Steigerung in der Redekunst

medias in res (lat.) unmittelbar zur Sache

Possierliches Lustiges, Drolliges

mitteilte übergab

Damit klarer werde, was gleich anfangs zu wissen nötig, ist jenen Briefen noch hinzuzufügen, dass bald darauf, als Nathanaels Vater gestorben, Clara und Lothar, Kinder eines weitläuftigen Verwandten, der ebenfalls gestorben und sie verwaist nachgelassen, von Nathanaels Mutter ins Haus genommen wurden. Clara und Nathanael fassten eine heftige Zuneigung zu einander, wogegen kein Mensch auf Erden etwas einzuwenden hatte; sie waren daher Verlobte, als Nathanael den Ort verließ um seine Studien in G. – fortzusetzen. Da ist er nun in seinem letzten Briefe und hört Collegia bei dem berühmten Professor Physices, Spalanzani.

Nun könnte ich getrost in der Erzählung fortfahren; aber in dem Augenblick steht Claras Bild so lebendig mir vor Augen, dass ich nicht wegschauen kann, so wie es immer geschah, wenn sie mich hold lächelnd anblickte. – Für schön konnte Clara keinesweges gelten; das meinten alle, die sich von Amtswegen auf Schönheit verstehen. Doch lobten die Architekten die reinen Verhältnisse ihres Wuchses, die Maler fanden Nacken, Schultern und Brust beinahe zu keusch geformt, verliebten sich dagegen sämtlich in das wunderbare Magdalenenhaar und faselten überhaupt viel von Battonischem Kolorit. Einer von ihnen, ein wirklicher Fantast, verglich aber höchstseltsamer Weise Claras Augen mit einem See von Ruisdael, in dem sich des wolkenlosen Himmels reines Azur, Wald- und Blumenflur, der reichen Landschaft ganzes buntes, heitres Leben spiegelt. Dichter und Meister gingen aber weiter und sprachen: Was See – was Spiegel! Können wir denn das Mädchen anschauen, ohne dass uns aus ihrem Blick wunderbare himmlische Gesänge und Klänge entgegenstrahlen, die in unser Innerstes dringen, dass da alles wach und rege wird? Singen wir selbst dann nichts wahrhaft Gescheutes, so ist überhaupt nicht viel an uns und das lesen wir denn auch deutlich in dem um Claras Lippen schwebenden feinen Lächeln, wenn wir uns unterfangen, ihr etwas vorzuquinkelieren, das so tun will als sei es Gesang, unerachtet nur einzelne Töne verworren durcheinander springen. Es war dem so. Clara hatte die lebenskräftige Fantasie des heitern unbefangenen, kindischen Kindes, ein tiefes weiblich zartes Gemüt, einen gar hellen scharf sichtenden Verstand. Die Nebler und Schwebler hatten bei ihr böses Spiel; denn ohne zu viel zu re-

Collegia **Vorlesungen**
Professor Physices **Professor der Naturkunde**

Magdalenenhaar … von Battonischem Kolorit **Farbgebung wie auf dem Bild von Battoni**
→ Seite 125
Ruisdael **niederländischer Landschaftsmaler (1628–82)**
Azur **Blau**

Gescheutes **Gescheites**

vorzuquinkelieren **vorzusingen, zu trällern**

Nebler und Schwebler **weltfremde Fantasten**

den, was überhaupt in Claras schweigsamer Natur nicht lag, sagte ihnen der helle Blick, und jenes feine ironische Lächeln: Lieben Freunde! wie möget ihr mir denn zumuten, dass ich eure verfließende Schattengebilde für wahre Gestalten ansehen soll, mit Leben und Regung? – Clara wurde deshalb von vielen kalt, gefühllos, prosaisch gescholten; aber andere, die das Leben in klarer Tiefe aufgefasst, liebten ungemein das gemütvolle, verständige, kindliche Mädchen, doch keiner so sehr, als Nathanael, der sich in Wissenschaft und Kunst kräftig und heiter bewegte. Clara hing an dem Geliebten mit ganzer Seele; die ersten Wolkenschatten zogen durch ihr Leben, als er sich von ihr trennte. Mit welchem Entzücken flog sie in seine Arme, als er nun, wie er im letzten Briefe an Lothar es verheißen, wirklich in seiner Vaterstadt ins Zimmer der Mutter eintrat. Es geschah so wie Nathanael geglaubt; denn in dem Augenblick, als er Clara wieder sah, dachte er weder an den Advokaten Coppelius, noch an Claras verständigen Brief, jede Verstimmung war verschwunden.

prosaisch nüchtern, oberflächlich (Gegenteil: »poetisch«)

Recht hatte aber Nathanael doch, als er seinem Freunde Lothar schrieb, dass des widerwärtigen Wetterglashändlers Coppola Gestalt recht feindlich in sein Leben getreten sei. Alle fühlten das, da Nathanael gleich in den ersten Tagen in seinem ganzen Wesen durchaus verändert sich zeigte. Er versank in düstre Träumereien, und trieb es bald so seltsam, wie man es niemals von ihm gewohnt gewesen. Alles, das ganze Leben war ihm Traum und Ahnung geworden; immer sprach er davon, wie jeder Mensch, sich frei wähnend, nur dunklen Mächten zum grausamen Spiel diene, vergeblich lehne man sich dagegen auf, demütig müsse man sich dem fügen, was das Schicksal verhängt habe. Er ging so weit, zu behaupten, dass es töricht sei, wenn man glaube, in Kunst und Wissenschaft nach selbsttätiger Willkür zu schaffen; denn die Begeisterung, in der man nur zu schaffen fähig sei, komme nicht aus dem

Willkür freiem Ermessen

eignen Innern, sondern sei das Einwirken irgendeines außer uns selbst liegenden höheren Prinzips.

Der verständigen Clara war diese mystische Schwärmerei im höchsten Grade zuwider, doch schien es vergebens, sich auf Widerlegung einzulassen. Nur dann, wenn Nathanael bewies, dass Coppelius das böse Prinzip sei, was ihn in dem Augenblick erfasst habe, als er hinter dem Vorhange lauschte, und dass dieser widerwärtige *Dämon* auf entsetzliche Weise ihr Liebesglück stören werde, da wurde Clara sehr ernst und sprach: »Ja Nathanael! Du hast Recht, Coppelius ist ein böses feindliches Prinzip, er kann Entsetzliches wirken, wie eine teuflische Macht, die sichtbarlich in das Leben trat, aber nur dann, wenn du ihn nicht aus Sinn und Gedanken verbannst. Solange du an ihn glaubst, *ist* er auch und wirkt, nur dein Glaube ist seine Macht.« – Nathanael, ganz erzürnt, dass Clara die Existenz des *Dämons* nur in seinem eignen Innern statuiere, wollte dann hervorrücken mit der ganzen mystischen Lehre von Teufeln und grausen Mächten, Clara brach aber verdrüsslich ab, indem sie irgendetwas Gleichgültiges dazwischen schob, zu Nathanaels nicht geringem Ärger. *Der* dachte, kalten unempfänglichen Gemütern erschließen sich <nicht> solche tiefe Geheimnisse, ohne sich deutlich bewusst zu sein, dass er Clara eben zu solchen untergeordneten Naturen zähle, weshalb er nicht abließ mit Versuchen, sie in jene Geheimnisse einzuweihen. Am frühen Morgen, wenn Clara das Frühstück bereiten half, stand er bei ihr und las ihr aus allerlei mystischen Büchern vor, dass Clara bat: Aber lieber Nathanael, wenn ich *dich* nun das böse Prinzip schelten wollte, das feindlich auf meinen Kaffee wirkt? – Denn, wenn ich, wie du es willst, alles stehen und liegen lassen und dir, indem du liesest, in die Augen schauen soll, so läuft mir der Kaffee ins Feuer und ihr bekommt alle kein Frühstück! Nathanael klappte das Buch heftig zu und rannte voll Unmut fort in sein

mystische hier: finstere, weltfremde

das böse Prinzip die böse Grundlage für alles Unheil

statuiere annehme, behaupte

schelten nennen, schimpfen

Zimmer. Sonst hatte er eine besondere Stärke in anmutigen, lebendigen Erzählungen, die er aufschrieb, und die Clara mit dem innigsten Vergnügen anhörte, jetzt waren seine Dichtungen düster, unverständlich, gestaltlos, sodass, wenn Clara schonend es auch nicht sagte, er doch wohl fühlte, wie wenig sie davon angesprochen wurde. Nichts war für Clara tötender, als das Langweilige; in Blick und Rede sprach sie dann ihre nicht zu besiegende geistige Schläfrigkeit aus. Nathanaels Dichtungen waren in der Tat sehr langweilig. Sein Verdruss über Claras kaltes prosaisches Gemüt stieg höher, Clara konnte ihren Unmut über Nathanaels dunkle, düstere, langweilige Mystik nicht überwinden, und so entfernten beide im Innern sich immer mehr von einander, ohne es selbst zu bemerken. Die Gestalt des hässlichen Coppelius war, wie Nathanael selbst es sich gestehen musste, in seiner Fantasie erbleicht und es kostete ihm oft Mühe, ihn in seinen Dichtungen, wo er als grauser Schicksalspopanz auftrat, recht lebendig zu kolorieren. Es kam ihm endlich ein, jene düstre Ahnung, dass Coppelius sein Liebesglück stören werde, zum Gegenstande eines Gedichts zu machen. Er stellte sich und Clara dar, in treuer Liebe verbunden, aber dann und wann war es, als griffe eine schwarze Faust in ihr Leben und risse irgendeine Freude heraus, die ihnen aufgegangen. Endlich, als sie schon am Traualtar stehen, erscheint der entsetzliche Coppelius und berührt Claras holde Augen; *die* springen in Nathanaels Brust wie blutige Funken sengend und brennend, Coppelius fasst ihn und wirft ihn in einen flammenden Feuerkreis, der sich dreht mit der Schnelligkeit des Sturmes und ihn sausend und brausend fortreißt. Es ist ein Tosen, als wenn der Orkan grimmig hineinpeitscht in die schäumenden Meereswellen, die sich wie schwarze, weißhauptige Riesen emporbäumen in wütendem Kampfe. Aber durch dies wilde Tosen hört er Claras Stimme: Kannst du mich denn nicht erschauen? Coppelius hat dich getäuscht, das waren ja nicht meine Augen, die so in deiner Brust brannten, das waren ja glühende Tropfen deines eignen Herzbluts – ich habe ja meine Augen, sieh mich doch nur an! – Nathanael denkt: das ist Clara, und ich bin ihr Eigen ewiglich. – Da ist es, als fasst der Gedanke gewaltig in den Feuerkreis hinein, dass er stehen bleibt, und im schwarzen Abgrund verrauscht dumpf das Getöse. Nathanael blickt in Claras Augen; aber es ist der Tod, der mit Claras Augen ihn freundlich anschaut.

ihr Eigen **ihr Eigentum**

Während Nathanael dies dichtete, war er sehr ruhig und besonnen, er feilte und besserte an jeder Zeile und da er sich dem metrischen Zwange unterworfen, ruhte er nicht, bis alles rein und wohlklingend sich fügte. Als er jedoch nun endlich fertig worden, und das Gedicht für sich laut las, da fasste ihn Grausen und wildes Entsetzen und er schrie auf: Wessen grauenvolle Stimme ist das? – Bald schien ihm jedoch das Ganze wieder nur eine sehr gelungene Dichtung, und es war ihm, als müsse Claras kaltes Gemüt dadurch entzündet werden, wiewohl er nicht deutlich dachte, wozu denn Clara entzündet, und wozu es denn nun eigentlich führen solle, sie mit den grauenvollen Bildern zu ängstigen, die ein entsetzliches, ihre Liebe zerstörendes Geschick weissagten. Sie, Nathanael und Clara, saßen in der Mutter kleinem Garten, Clara war sehr heiter, weil Nathanael sie seit drei Tagen, in denen er an jener Dichtung schrieb, nicht mit seinen Träumen und Ahnungen geplagt hatte. Auch Nathanael sprach lebhaft und froh von lustigen Dingen wie sonst, so, dass Clara sagte: Nun erst habe ich dich ganz wieder, siehst du es wohl, wie wir den hässlichen Coppelius vertrieben haben? Da fiel dem Nathanael erst ein, dass er ja die Dichtung in der Tasche trage, die er habe vorlesen wollen. Er zog auch sogleich die Blätter hervor und fing an zu lesen: Clara, etwas Langweiliges wie gewöhnlich vermutend und sich darein ergebend, fing an, ruhig

metrischen Zwange **Zwang zu einem starren Versmaß**

zu stricken. Aber so wie immer schwärzer und schwärzer das düstre Gewölk aufstieg, ließ sie den Strickstrumpf sinken und blickte starr dem Nathanael ins Auge. *Den* riss seine Dichtung unaufhaltsam fort, hochrot färbte seine Wangen die innere Glut, Tränen quollen ihm aus den Augen – Endlich hatte er geschlossen, er stöhnte in tiefer Ermattung – er fasste Claras Hand und seufzte wie aufgelöst in trostlosem Jammer: Ach! – Clara – Clara – Clara drückte ihn sanft an ihren Busen und sagte leise, aber sehr langsam und ernst: Nathanael – mein herzlieber Nathanael! – wirf das tolle – unsinnige – wahnsinnige Märchen ins Feuer. Da sprang Nathanael entrüstet auf und rief, Clara von sich stoßend: Du lebloses, verdammtes Automat! Er rannte fort, bittre Tränen vergoss die tief verletzte Clara: Ach er hat mich niemals geliebt, denn er versteht mich nicht, schluchzte sie laut. – Lothar trat in die Laube; Clara musste ihm erzählen was vorgefallen; er liebte seine Schwester mit ganzer Seele, jedes Wort ihrer Anklage fiel wie ein Funke in sein Inneres, so, dass der Unmut, den er wider den träumerischen Nathanael lange im Herzen getragen, sich entzündete zum wilden Zorn. Er lief zu Nathanael, er warf ihm das unsinnige Betragen gegen die geliebte Schwester in harten Worten vor, die der aufbrausende Nathanael eben so erwiderte. Ein fantastischer, wahnsinniger Geck wurde mit einem miserablen, gemeinen Alltagsmenschen erwidert. Der Zweikampf war unvermeidlich. Sie beschlossen, sich am folgenden Morgen hinter dem Garten nach dortiger akademischer Sitte mit scharf geschliffenen Stoßrapieren zu schlagen. Stumm und finster schlichen sie umher, Clara hatte den heftigen Streit gehört und gesehen, dass der Fechtmeister in der Dämmerung die Rapiere brachte. Sie ahnte was geschehen sollte. Auf dem Kampfplatz angekommen hatten Lothar und Nathanael soeben düster schweigend die Röcke abgeworfen, blutdürstige Kampflust im brennenden Auge

lebloses, verdammtes Automat damals gebräuchliches Neutrum

Stoßrapieren Fechtwaffen mit schmaler Klinge

Kein Verständnis für seine Dichtung

Beide leben auf einer anderen Ebene, sollte

(sächlich)

Clara versuchen, ihn auf die richtige Ebene herabzuführen

Situation eskaliert

Nathanael + Lothar wollen sich duellieren

Nathanael und Lothar wollen sich wegen der Beleidigung duellieren wollten sie gegen einander ausfallen, als Clara durch die Gartentür herbeistürzte. Schluchzend rief sie laut: Ihr wilden entsetzlichen Menschen! – stoßt mich nur gleich nieder, ehe ihr euch anfallt; denn wie soll ich denn länger leben auf der Welt, wenn der Geliebte den Bruder, oder wenn der Bruder den Geliebten ermordet hat! – Lothar ließ die Waffe sinken und sah schweigend zur Erde nieder, aber in Nathanaels Innern ging in herzzerreißender Wehmut alle Liebe wieder auf, wie er sie jemals in der herrlichen Jugendzeit schönsten Tagen für die holde Clara empfunden. Das Mordgewehr entfiel seiner Hand, er stürzte zu Claras Füßen. Kannst du mir denn jemals verzeihen, du meine einzige, meine herzgeliebte Clara! – Kannst du mir verzeihen, mein herzlieber Bruder Lothar! – Lothar wurde gerührt von des Freundes tiefem Schmerz; unter tausend Tränen umarmten sich die drei versöhnten Menschen und schwuren, nicht von einander zu lassen in steter Liebe und Treue.

Mordgewehr Mordwaffe

Bruder Lothar Mitstudent Lothar

Dem Nathanael war es zu Mute, als sei eine schwere Last, die ihn zu Boden gedrückt, von ihm abgewälzt, ja als habe er, Widerstand leistend der finstern Macht, die ihn befangen, sein ganzes Sein, dem Vernichtung drohte, gerettet. Noch drei selige Tage verlebte er bei den Lieben, dann kehrte er zurück nach G., wo er noch ein Jahr zu bleiben, dann aber auf immer nach seiner Vaterstadt zurückzukehren gedachte.

Der Mutter war alles, was sich auf Coppelius bezog, verschwiegen worden; denn man wusste, dass sie nicht ohne Entsetzen an ihn denken konnte, weil sie, wie Nathanael, ihm den Tod ihres Mannes Schuld gab.

Wie erstaunte Nathanael, als er in seine Wohnung wollte und sah, dass das ganze Haus niedergebrannt war, sodass aus dem Schutthaufen nur die nackten Feuermauern hervorragten. Unerachtet das Feuer in dem Laboratorium des Apothekers, der im untern Stocke wohnte, ausgebrochen war, das Haus daher von unten herauf gebrannt hatte, so war es doch den kühnen, rüstigen Freunden gelungen, noch zu rechter Zeit in Nathanaels im obern Stock gelegenes Zimmer zu dringen, und Bücher, Manuskripte, Instrumente zu retten. Alles hatten sie unversehrt in ein anderes Haus getragen, und dort ein Zimmer in Beschlag genommen, welches Nathanael nun sogleich bezog. Nicht sonderlich achtete er darauf, dass er dem Professor Spalanzani gegenüber wohnte, und eben so wenig schien es ihm etwas Besonderes, als er bemerkte, dass er aus seinem Fenster gerade hinein in das Zimmer blickte, wo oft Olimpia einsam saß, so, dass er ihre Figur deutlich erkennen konnte, wiewohl die Züge des Gesichts undeutlich und verworren blieben. Wohl fiel es ihm endlich auf, dass Olimpia oft stundenlang in derselben Stellung, wie er sie einst durch ihre Glastüre entdeckte, ohne irgendeine Beschäftigung an einem kleinen Tische saß und dass sie offenbar unverwandten Blickes nach ihm herüberschaute; er musste sich auch selbst gestehen, dass er nie einen schöneren Wuchs gesehen; indessen, Clara im Herzen, blieb ihm die steife, starre Olimpia höchst gleichgültig und nur zuweilen sah er flüchtig über sein Compendium herüber nach der schönen Bildsäule, das war alles. – Eben schrieb er an Clara, als es leise an die Türe klopfte; sie öffnete sich auf seinen Zuruf und Coppolas widerwärtiges Gesicht sah hinein. Nathanael fühlte sich im Innersten erbeben; eingedenk dessen, was ihm Spalanzani über den Landsmann Coppola gesagt und was er auch rücksichts des Sandmanns Coppelius der Geliebten so heilig versprochen, schämte er sich aber selbst seiner kindischen Gespensterfurcht, nahm sich mit aller Gewalt zusammen und sprach so sanft und gelassen, als möglich: »Ich kaufe kein Wetterglas, mein lieber Freund! gehen Sie nur!« Da trat aber Coppola vollends in die Stube und sprach mit heiserem Ton, indem sich

Compendium Lehrbuch
Bildsäule bewegungslose Statue

rücksichts des im Hinblick auf

das weite Maul zum hässlichen Lachen verzog und die kleinen Augen unter den grauen langen Wimpern stechend hervorfunkelten: »Ei, nix Wetterglas, nix Wetterglas! – hab' auch sköne Oke – sköne Oke!« – Entsetzt rief Nathanael: »Toller Mensch, wie kannst du Augen haben? – Augen – Augen? –« Aber in dem Augenblick hatte Coppola seine Wettergläser beiseite gesetzt, griff in die weiten Rocktaschen und holte Lorgnetten und Brillen heraus, die er auf den Tisch legte. – »Nu – Nu – Brill' – Brill auf der Nas' su setze, das sein meine Oke – sköne Oke!« – Und damit holte er immer mehr und mehr Brillen heraus, so, dass es auf dem ganzen Tisch seltsam zu flimmern und zu funkeln begann. Tausend Augen blickten und zuckten krampfhaft und starrten auf zum Nathanael; aber er konnte nicht wegschauen von dem Tisch, und immer mehr Brillen legte Coppola hin, und immer wilder und wilder sprangen flammende Blicke durcheinander und schossen ihre blutrote Strahlen in Nathanaels Brust. Übermannt von tollem Entsetzen schrie er auf: halt ein! halt ein, fürchterlicher Mensch! – Er hatte Coppola, der eben in die Tasche griff, um noch mehr Brillen herauszubringen, unerachtet schon der ganze Tisch überdeckt war, beim Arm fest gepackt. Coppola machte sich mit heiserem widrigen Lachen sanft los und mit den Worten: »Ah! – nix für Sie – aber hier sköne Glas« – hatte er alle Brillen zusammengerafft, eingesteckt und aus der Seitentasche des Rocks eine Menge großer und kleiner Perspektive hervorgeholt. Sowie die Brillen fort waren, wurde Nathanael ganz ruhig und an Clara denkend sah er wohl ein, dass der entsetzliche Spuk nur aus seinem Innern hervorgegangen, sowie dass Coppola ein höchst ehrlicher Mechanicus und Opticus, keinesweges aber Coppelii verfluchter Doppeltgänger und Revenant sein könne. Zudem hatten alle Gläser, die Coppola nun auf den Tisch gelegt, gar nichts Besonderes, am wenigsten so etwas Gespenstisches wie die Brillen

sköne Oke ital. *occhi* »Augen«; deutsch-ital. Kauderwelsch

Lorgnetten Brillen mit Stielgriff

Perspektive kleine einäugige (ausziehbare) Fernrohre

Coppelii … Revenant Wiedergänger/Geist des Coppelius

und, um alles wieder gutzumachen, beschloss Nathanael dem Coppola jetzt wirklich etwas abzukaufen. Er ergriff ein kleines sehr sauber gearbeitetes Taschenperspektiv und sah, um es zu prüfen, durch das Fenster. Noch im Leben war ihm kein Glas vorgekommen, das die Gegenstände so rein, scharf und deutlich dicht vor die Augen rückte. Unwillkürlich sah er hinein in Spalanzanis Zimmer; Olimpia saß, wie gewöhnlich, vor dem kleinen Tisch, die Ärme darauf gelegt, die Hände gefaltet. – Nun erschaute Nathanael erst Olimpias wunderschön geformtes Gesicht. Nur die Augen schienen ihm gar seltsam starr und tot. Doch wie er immer schärfer und schärfer durch das Glas hinschaute, war es, als gingen in Olimpias Augen feuchte Mondesstrahlen auf. Es schien, als wenn nun erst die Sehkraft entzündet würde; immer lebendiger und lebendiger flammten die Blicke. Nathanael lag wie festgezaubert im Fenster, immer fort und fort die himmlisch-schöne Olimpia betrachtend. Ein Räuspern und Scharren weckte ihn, wie aus tiefem Traum. Coppola stand hinter ihm: Tre Zechini – drei Dukat – Nathanael hatte den Opticus rein vergessen, rasch zahlte er das Verlangte: »Nick so? – sköne Glas – sköne Glas!«, frug Coppola mit seiner widerwärtigen heisern Stimme und dem hämischen Lächeln. »Ja ja, ja!«, erwiderte Nathanael verdrießlich. »Adieu, lieber Freund!« – Coppola verließ nicht ohne viele seltsame Seitenblicke auf Nathanael, das Zimmer. Er hörte ihn auf der Treppe laut lachen. »Nun ja, meinte Nathanael, er lacht mich aus, weil ich ihm das kleine Perspektiv gewiss viel zu teuer bezahlt habe – zu teuer bezahlt!« – Indem er diese Worte leise sprach, war es, als halle ein tiefer Todesseufzer grauenvoll durch das Zimmer, Nathanaels Atem stockte vor innerer Angst. – Er hatte ja aber selbst so aufgeseufzt, das merkte er wohl. Clara, sprach er zu sich selber, hat wohl Recht, dass sie mich für einen abgeschmackten Geisterseher hält; aber närrisch ist es doch – ach wohl

tre Zechini **drei Zechinen (venezianische Goldmünzen)**

mehr, als närrisch, dass mich der dumme Gedanke, ich hätte das Glas dem Coppola zu teuer bezahlt, noch jetzt so sonderbar ängstigt; den Grund davon sehe ich gar nicht ein. – Jetzt setzte er sich hin, um den Brief an Clara zu enden, aber ein Blick durchs Fenster überzeugte ihn, dass Olimpia noch da säße und im Augenblick, wie von unwiderstehlicher Gewalt getrieben, sprang er auf, ergriff Coppolas Perspektiv und konnte nicht los von Olimpias verführerischem Anblick, bis ihn Freund und Bruder Siegmund abrief ins Collegium bei dem Professor Spalanzani. Die Gardine vor dem verhängnisvollen Zimmer war dicht zugezogen, er konnte Olimpia eben so wenig hier, als die beiden folgenden Tage hindurch in ihrem Zimmer, entdecken, unerachtet er kaum das Fenster verließ und fortwährend durch Coppolas Perspektiv hinüberschaute. Am dritten Tage wurden sogar die Fenster verhängt. Ganz verzweifelt und getrieben von Sehnsucht und glühendem Verlangen lief er hinaus vors Tor. Olimpias Gestalt schwebte vor ihm her in den Lüften und trat aus dem Gebüsch, und guckte ihn an mit großen strahlenden Augen, aus dem hellen Bach. Claras Bild war ganz aus seinem Innern gewichen, er dachte nichts, als Olimpia und klagte ganz laut und weinerlich: Ach du mein hoher herrlicher Liebesstern, bist du mir denn nur aufgegangen, um gleich wieder zu verschwinden, und mich zu lassen in finstrer hoffnungsloser Nacht?

Als er zurückkehren wollte in seine Wohnung, wurde er in Spalanzanis Hause ein geräuschvolles Treiben gewahr. Die Türen standen offen, man trug allerlei Geräte hinein, die Fenster des ersten Stocks waren ausgehoben, geschäftige Mägde kehrten und stäubten mit großen Haarbesen hin und herfahrend, inwendig klopften und hämmerten Tischler und Tapezierer. Nathanael blieb in vollem Erstaunen auf der Straße stehen; da trat Siegmund lachend zu ihm und sprach: »Nun, was sagst du zu unserem alten Spalanzani?« Nathanael

stäubten **wischten Staub**

versicherte, dass er gar nichts sagen könne, da er durchaus nichts vom Professor wisse, vielmehr mit großer Verwunderung wahrnehme, wie in dem stillen düstern Hause ein tolles Treiben und Wirtschaften losgegangen; da erfuhr er denn von Siegmund, dass Spalanzani morgen ein großes Fest geben wolle, Konzert und Ball, und dass die halbe Universität eingeladen sei. Allgemein verbreite man, dass Spalanzani seine Tochter Olimpia, die er so lange jedem menschlichen Auge recht ängstlich entzogen, zum ersten Mal erscheinen lassen werde.

Nathanael fand eine Einladungskarte und ging mit hochklopfendem Herzen zur bestimmten Stunde, als schon die Wagen rollten und die Lichter in den geschmückten Sälen schimmerten, zum Professor. Die Gesellschaft war zahlreich und glänzend. Olimpia erschien sehr reich und geschmackvoll gekleidet. Man musste ihr schön geformtes Gesicht, ihren Wuchs bewundern. Der etwas seltsam eingebogene Rücken, die wespenartige Dünne des Leibes schien von zu starkem Einschnüren bewirkt zu sein. In Schritt und Stellung hatte sie etwas Abgemessenes und Steifes, das manchem unangenehm auffiel; man schrieb es dem Zwange zu, den ihr die Gesellschaft auflegte. Das Konzert begann. Olimpia spielte den Flügel mit großer Fertigkeit und trug eben so eine Bravour-Arie mit heller, beinahe schneidender Glasglockenstimme vor. Nathanael war ganz entzückt; er stand in der hintersten Reihe und konnte im blendenden Kerzenlicht Olimpias Züge nicht ganz erkennen. Ganz unvermerkt nahm er deshalb Coppolas Glas hervor und schaute hin nach der schönen Olimpia. Ach! – da wurde er gewahr, wie sie voll Sehnsucht nach ihm herübersah, wie jeder Ton erst deutlich aufging in dem Liebesblick, der zündend sein Inneres durchdrang. Die künstlichen Rouladen schienen dem Nathanael das Himmelsjauchzen des in Liebe verklärten Gemüts, und als nun endlich

von zu starkem Einschnüren **durch das enge Korsett**

Rouladen **perlende, virtuose Läufe im Gesang**

nach der Kadenz der lange Trillo recht schmetternd durch den Saal gellte, konnte er wie von glühenden Ärmen plötzlich erfasst sich nicht mehr halten, er musste vor Schmerz und Entzücken laut aufschreien: Olimpia! – Alle sahen sich um nach ihm, manche lachten. Der Domorganist schnitt aber noch ein finstreres Gesicht, als vorher und sagte bloß: Nun nun! – Das Konzert war zu Ende, der Ball fing an. Mit ihr zu tanzen! – mit ihr! das war nun dem Nathanael das Ziel aller Wünsche, alles Strebens; aber wie sich erheben zu dem Mut, sie, die Königin des Festes, aufzufordern? Doch! – er selbst wusste nicht wie es geschah, dass er, als schon der Tanz angefangen, dicht neben Olimpia stand, die noch nicht aufgefordert worden, und dass er, kaum vermögend einige Worte zu stammeln, ihre Hand ergriff. Eiskalt war Olimpias Hand, er fühlte sich durchbebt von grausigem Todesfrost, er starrte Olimpia ins Auge, das strahlte ihm voll Liebe und Sehnsucht entgegen und in dem Augenblick war es auch, als fingen an in der kalten Hand Pulse zu schlagen und des Lebensblutes Ströme zu glühen. Und auch in Nathanaels Innerm glühte höher auf die Liebeslust, er umschlang die schöne Olimpia und durchflog mit ihr die Reihen. – Er glaubte sonst recht taktmäßig getanzt zu haben, aber an der ganz eignen rhythmischen Festigkeit, womit Olimpia tanzte und die ihn oft ordentlich aus der Haltung brachte, merkte er bald, wie sehr ihm der Takt gemangelt. Er wollte jedoch mit keinem andern Frauenzimmer mehr tanzen und hätte jeden, der sich Olimpia näherte, um sie aufzufordern, nur gleich ermorden mögen. Doch nur zweimal geschah dies, zu seinem Erstaunen blieb darauf Olimpia bei jedem Tanze sitzen und er ermangelte nicht, immer wieder sie aufzuziehen. Hätte Nathanael außer der schönen Olimpia noch etwas anders zu sehen vermocht, so wäre allerlei fataler Zank und Streit unvermeidlich gewesen; denn offenbar ging das halbleise, mühsam unterdrückte Gelächter, was sich in

Kadenz virtuose solistische Schlussimprovisation
Trillo (ital.) Triller

diesem und jenem Winkel unter den jungen Leuten erhob, auf die schöne Olimpia, die sie mit ganz kuriosen Blicken verfolgten, man konnte gar nicht wissen, warum? Durch den Tanz und durch den reichlich genossenen Wein erhitzt, hatte Nathanael alle ihm sonst eigne Scheu abgelegt. Er saß neben Olimpia, ihre Hand in der seinigen und sprach hoch entflammt und begeistert von seiner Liebe in Worten, die keiner verstand, weder er, noch Olimpia. Doch diese vielleicht; denn sie sah ihm unverrückt ins Auge und seufzte einmal übers andere: Ach – Ach – Ach! – worauf denn Nathanael also sprach »O du herrliche, himmlische Frau! – Du Strahl aus dem verheißenen Jenseits der Liebe – Du tiefes Gemüt, in dem sich mein ganzes Sein spiegelt« und noch mehr dergleichen, aber Olimpia seufzte bloß immer wieder: Ach, Ach! – Der Professor Spalanzani ging einige Mal bei den Glücklichen vorüber und lächelte sie ganz seltsam zufrieden an. Dem Nathanael schien es, unerachtet er sich in einer ganz andern Welt befand, mit einem Mal, als würd' es hienieden beim Professor Spalanzani merklich finster; er schaute um sich und wurde zu seinem nicht geringen Schreck gewahr, dass eben die zwei letzten Lichter in dem leeren Saal hernieder brennen und ausgehen wollten. Längst hatten Musik und Tanz aufgehört. »Trennung, Trennung«, schrie er ganz wild und verzweifelt, er küsste Olimpias Hand, er neigte sich zu ihrem Munde, eiskalte Lippen begegneten seinen glühenden! – So wie, als er Olimpias kalte Hand berührte, fühlte er sich von innerem Grausen erfasst, die Legende von der toten Braut ging ihm plötzlich durch den Sinn; aber fest hatte ihn Olimpia an sich gedrückt, und in dem Kuss schienen die Lippen zum Leben zu erwarmen. – Der Professor Spalanzani schritt langsam durch den leeren Saal, seine Schritte klangen hohl wider und seine Figur, von flackernden Schlagschatten umspielt, hatte ein grauliches gespenstisches Ansehen. »Liebst du mich – Liebst du mich

Legende von der toten Braut
Vampirsage
→ Seite 125

Olimpia? – Nur dies Wort! – Liebst du mich?« So flüsterte Nathanael, aber Olimpia seufzte, indem sie aufstand, nur: »Ach – Ach!« »Ja du mein holder, herrlicher Liebesstern, sprach Nathanael, bist mir aufgegangen und wirst leuchten, wirst verklären mein Inneres immerdar!« »Ach, ach!«, replizierte Olimpia fortschreitend. Nathanael folgte ihr, sie standen vor dem Professor. »Sie haben sich außerordentlich lebhaft mit meiner Tochter unterhalten«, sprach dieser lächelnd: »Nun, nun, lieber Herr Nathanael, finden Sie Geschmack daran, mit dem blöden Mädchen zu konversieren, so sollen mir Ihre Besuche willkommen sein.« – Einen ganzen hellen strahlenden Himmel in der Brust schied Nathanael von dannen: Spalanzanis Fest war der Gegenstand des Gesprächs in den folgenden Tagen. Unerachtet der Professor alles getan hatte, recht splendid zu erscheinen, so wussten doch die lustigen Köpfe von allerlei Unschicklichem und Sonderbarem zu erzählen, das sich begeben, und vorzüglich fiel man über die todstarre, stumme Olimpia her, der man, ihres schönen Äußern unerachtet, totalen Stumpfsinn andichten und darin die Ursache finden wollte, warum Spalanzani sie so lange verborgen gehalten. Nathanael vernahm das nicht ohne innern Grimm, indessen schwieg er; denn, dachte er, würde es wohl verlohnen, diesen Burschen zu beweisen, dass eben ihr eigner Stumpfsinn es ist, der sie Olimpias tiefes herrliches Gemüt zu erkennen hindert? »Tu' mir den Gefallen Bruder, sprach eines Tages Siegmund, tu' mir den Gefallen und sage, wie es dir gescheuten Kerl möglich war, dich in das Wachsgesicht, in die Holzpuppe da drüben zu vergaffen?« Nathanael wollte zornig auffahren, doch schnell besann er sich und erwiderte: »Sage *du* mir Siegmund, wie deinem, sonst alles Schöne klar auffassenden Blick, deinem regen Sinn, Olimpias himmlischer Liebreiz entgehen konnte? Doch eben deshalb habe ich, Dank sei es dem Geschick, dich nicht zum Nebenbuhler; denn sonst

verklären **verherrlichen**

replizierte **antwortete**

blöden **schüchternen**

splendid **freigebig**

müsste einer von uns blutend fallen.« Siegmund merkte wohl, wie es mit dem Freunde stand, lenkte geschickt ein, und fügte, nachdem er geäußert, dass in der Liebe niemals über den Gegenstand zu richten sei, hinzu: »Wunderlich ist es doch, dass viele von uns über Olimpia ziemlich gleich urteilen. Sie ist uns – nimm es nicht übel, Bruder! – auf seltsame Weise starr und seelenlos erschienen. Ihr Wuchs ist regelmäßig, so wie ihr Gesicht, das ist wahr! – Sie könnte für schön gelten, wenn ihr Blick nicht so ganz ohne Lebensstrahl, ich möchte sagen, ohne Sehkraft wäre. Ihr Schritt ist sonderbar abgemessen, jede Bewegung scheint durch den Gang eines aufgezogenen Räderwerks bedingt. Ihr Spiel, ihr Singen hat den unangenehm richtigen geistlosen Takt der singenden Maschine und eben so ist ihr Tanz. Uns ist diese Olimpia ganz unheimlich geworden, wir mochten nichts mit ihr zu schaffen haben, es war uns als tue sie nur so wie ein lebendiges Wesen und doch habe es mit ihr eine eigne Bewandtnis.« – Nathanael gab sich dem bittern Gefühl, das ihn bei diesen Worten Siegmunds ergreifen wollte, durchaus nicht hin, er wurde Herr seines Unmuts und sagte bloß sehr ernst: »Wohl mag euch, ihr kalten prosaischen Menschen, Olimpia unheimlich sein. Nur dem poetischen Gemüt entfaltet sich das gleich organisierte! Nur *mir* ging ihr Liebesblick auf und durchstrahlte Sinn und Gedanken, nur in Olimpias Liebe finde ich mein Selbst wieder. Euch mag es nicht recht sein, dass sie nicht in platter Konversation faselt, wie die andern flachen Gemüter. Sie spricht wenig Worte, das ist wahr; aber diese wenigen Worte erscheinen als echte Hieroglyphe der innern Welt voll Liebe und hoher Erkenntnis des geistigen Lebens in der Anschauung des ewigen Jenseits. Doch für alles das habt ihr keinen Sinn und alles sind verlorne Worte.« »Behüte dich Gott, Herr Bruder«, sagte Siegmund sehr sanft, beinahe wehmütig, »aber mir scheint es, du seist auf bösem Wege. Auf mich kannst du rechnen,

Hieroglyphe (heiliges) Geheimzeichen

wenn alles – Nein, ich mag nichts weiter sagen! –« Dem Nathanael war es plötzlich, als meine der kalte prosaische Siegmund es sehr treu mit ihm, er schüttelte daher die ihm dargebotene Hand recht herzlich. –

Nathanael hatte rein vergessen, dass es eine Clara in der Welt gebe, die er sonst geliebt; – die Mutter – Lothar – alle waren aus seinem Gedächtnis entschwunden, er lebte nur für Olimpia, bei der er täglich stundenlang saß und von seiner Liebe, von zum Leben erglühter Sympathie, von psychischer Wahlverwandtschaft fantasierte, welches alles Olimpia mit großer Andacht anhörte. Aus dem tiefsten Grunde des Schreibpults holte Nathanael alles hervor, was er jemals geschrieben. Gedichte, Fantasien, Visionen, Romane, Erzählungen, das wurde täglich vermehrt mit allerlei ins Blaue fliegenden Sonetten, Stanzen, Canzonen, und das alles las er der Olimpia stundenlang hintereinander vor, ohne zu ermüden. Aber auch noch nie hatte er eine solche herrliche Zuhörerin gehabt. Sie stickte und strickte nicht, sie sah nicht durchs Fenster, sie fütterte keinen Vogel, sie spielte mit keinem Schoßhündchen, mit keiner Lieblingskatze, sie drehte kein Papierschnitzchen, oder sonst etwas in der Hand, sie durfte kein Gähnen durch einen leisen erzwungenen Husten bezwingen – Kurz! – Stundenlang sah sie mit starrem Blick unverwandt dem Geliebten ins Auge, ohne sich zu rücken und zu bewegen und immer glühender, immer lebendiger wurde dieser Blick. Nur wenn Nathanael endlich aufstand und ihr die Hand, auch wohl den Mund küsste, sagte sie: »Ach, Ach!« – dann aber: »Gute Nacht, mein Lieber!« – »O du herrliches, du tiefes Gemüt, rief Nathanael auf seiner Stube: nur von dir, von dir allein werd' ich ganz verstanden.« Er erbebte vor innerm Entzücken, wenn er bedachte, welch' wunderbarer Zusammenklang sich in seinem und Olimpias Gemüt täglich mehr offenbare; denn es schien ihm, als habe Olimpia über seine Werke,

Sonetten, Stanzen, Kanzonen **Gedichtarten**

durfte **musste**

über seine Dichtergabe überhaupt recht tief aus seinem Innern gesprochen, ja als habe die Stimme aus seinem Innern selbst herausgetönt. Das musste denn wohl auch sein; denn mehr Worte als vorhin erwähnt, sprach Olimpia niemals. Erinnerte sich aber auch Nathanael in hellen nüchternen Augenblicken, z. B. morgens gleich nach dem Erwachen, wirklich an Olimpias gänzliche Passivität und Wortkargheit, so sprach er doch: »Was sind Worte – Worte! – Der Blick ihres himmlischen Auges sagt mehr als jede Sprache hienieden. Vermag denn überhaupt ein Kind des Himmels sich einzuschichten in den engen Kreis, den ein klägliches irdisches Bedürfnis gezogen?« – Professor Spalanzani schien hoch erfreut über das Verhältnis seiner Tochter mit Nathanael; er gab diesem allerlei unzweideutige Zeichen seines Wohlwollens und als es Nathanael endlich wagte von ferne auf eine Verbindung mit Olimpia anzuspielen, lächelte dieser mit dem ganzen Gesicht und meinte: Er werde seiner Tochter völlig freie Wahl lassen. – Ermutigt durch diese Worte, brennendes Verlangen im Herzen, beschloss Nathanael, gleich am folgenden Tage Olimpia anzuflehen, dass sie das unumwunden in deutlichen Worten ausspreche, was längst ihr holder Liebesblick ihm gesagt, dass sie sein Eigen immerdar sein wolle. Er suchte nach dem Ringe, den ihm beim Abschiede die Mutter geschenkt, um ihn Olimpia als Symbol seiner Hingebung, seines mit ihr aufkeimenden, blühenden Lebens darzureichen. Claras, Lothars Briefe fielen ihm dabei in die Hände; gleichgültig warf er sie beiseite, fand den Ring, steckte ihn ein und rannte herüber zu Olimpia. Schon auf der Treppe, auf dem Flur, vernahm er ein wunderliches Getöse; es schien aus Spalanzanis Studierzimmer heraus zu schallen. – Ein Stampfen – ein Klirren – ein Stoßen – Schlagen gegen die Tür, dazwischen Flüche und Verwünschungen. »Lass los – lass los – Infamer – Verruchter! – Darum Leib und Leben daran gesetzt? – ha ha ha ha! – so haben wir nicht gewettet – ich, ich hab' die Augen gemacht – ich das Räderwerk – dummer Teufel mit deinem Räderwerk – verfluchter Hund von einfältigem Uhrmacher – fort mit dir – Satan – halt – Peipendreher – teuflische Bestie! – halt – fort – lass los!« – Es waren Spalanzanis und des grässlichen Coppelius Stimmen, die so durcheinander schwirrten und tobten. Hinein stürzte Nathanael von namenloser Angst ergriffen. Der Professor hatte eine weibliche Figur bei den Schultern gepackt, der Italiäner Coppola bei den Füßen, die zerrten und zogen sie hin und her, streitend in voller Wut um den Besitz. Voll tiefen Entsetzens prallte Nathanael zurück, als er die Figur für Olimpia erkannte; aufflammend in wildem Zorn wollte er den Wütenden die Geliebte entreißen, aber in dem Augenblick wand Coppola sich mit Riesenkraft drehend die Figur dem Professor aus den Händen und versetzte ihm mit der Figur selbst einen fürchterlichen Schlag, dass er rücklings über den Tisch, auf dem Phiolen, Retorten, Flaschen, gläserne Zylinder standen, taumelte und hinstürzte; alles Gerät klirrte in tausend Scherben zusammen. Nun warf Coppola die Figur über die Schulter und rannte mit fürchterlich gellendem Gelächter rasch fort die Treppe herab, sodass die hässlich herunterhängenden Füße der Figur auf den Stufen hölzern klapperten und dröhnten. – Erstarrt stand Nathanael – nur zu deutlich hatte er gesehen, Olimpias toderbleichtes Wachsgesicht hatte keine Augen, statt ihrer schwarze Höhlen; sie war eine leblose Puppe. Spalanzani wälzte sich auf der Erde, Glasscherben hatten ihm Kopf, Brust und Arm zerschnitten, wie aus Springquellen strömte das Blut empor. Aber er raffte seine Kräfte zusammen. –«Ihm nach – ihm nach, was zauderst du? – Coppelius – Coppelius, mein bestes Automat hat er mir geraubt – Zwanzig Jahre daran gearbeitet – Leib und Leben daran gesetzt – das Räderwerk – Sprache – Gang – mein – die Augen – die Augen dir gestohlen. – Verdammter – Verfluchter – ihm nach – hol

Peipendreher **in Hoffmanns Handschrift: Puppendreher (Drechsler)**

Phiolen **birnenförmige Glasfläschchen**

mir Olimpia – da hast du die Augen! –« Nun sah Nathanael, wie ein Paar blutige Augen auf dem Boden liegend ihn anstarrten, die ergriff Spalanzani mit der unverletzten Hand und warf sie nach ihm, dass sie seine Brust trafen. – Da packte ihn der Wahnsinn mit glühenden Krallen und fuhr in sein Inneres hinein Sinn und Gedanken zerreißend. »Hui – hui – hui! – *Feuerkreis* – *Feuerkreis*! dreh dich *Feuerkreis* – lustig – lustig! – Holzpüppchen hui schön' Holzpüppchen dreh dich –« damit warf er sich auf den Professor und drückte ihm die Kehle zu. Er hätte ihn erwürgt, aber das Getöse hatte viele Menschen herbeigelockt, die drangen ein, rissen den wütenden Nathanael auf und retteten so den Professor, der gleich verbunden wurde. Siegmund, so stark er war, vermochte nicht den Rasenden zu bändigen; der schrie mit fürchterlicher Stimme immer fort: »Holzpüppchen dreh dich« und schlug um sich mit geballten Fäusten. Endlich gelang es der vereinten Kraft mehrerer, ihn zu überwältigen, indem sie ihn zu Boden warfen und banden. Seine Worte gingen unter in entsetzlichem tierischen Gebrüll. So in grässlicher Raserei tobend wurde er nach dem Tollhause gebracht. –

nach dem Tollhause **ins Irrenhaus**

Ehe ich, günstiger Leser! dir zu erzählen fortfahre, was sich weiter mit dem unglücklichen Nathanael zugetragen, kann ich dir, solltest du einigen Anteil an dem geschickten Mechanikus und Automat-Fabrikanten Spalanzani nehmen, versichern, dass er von seinen Wunden völlig geheilt wurde. Er musste indes die Universität verlassen, weil Nathanaels Geschichte Aufsehen erregt hatte und es allgemein für gänzlich unerlaubten Betrug gehalten wurde, vernünftigen Teezirkeln (Olimpia hatte sie mit Glück besucht) statt der lebendigen Person eine Holzpuppe einzuschwärzen. Juristen nannten es sogar einen feinen und umso härter zu bestrafenden Betrug, als er gegen das Publikum gerichtet und so schlau angelegt worden, dass kein Mensch (ganz kluge Studenten

vernünftigen Teezirkeln **»Kaffeekränzchen« mit gelehrten Gesprächen**

einzuschwärzen **einzuschmuggeln**

ausgenommen) es gemerkt habe, unerachtet jetzt alle weise tun und sich auf allerlei Tatsachen berufen wollten, die ihnen verdächtig vorgekommen. Diese letzteren brachten aber eigentlich nichts Gescheutes zu Tage. Denn konnte z. B. wohl irgendjemanden verdächtig vorgekommen sein, dass nach der Aussage eines eleganten Teeisten Olimpia gegen alle Sitte öfter genieset, als gegähnt hatte? Ersteres, meinte der Elegant, sei das Selbstaufziehen des verborgenen Triebwerks gewesen, merklich habe es dabei geknarrt u. s. w. Der Professor der Poesie und Beredsamkeit nahm eine Prise, klappte die Dose zu, räusperte sich und sprach feierlich: »Hochzuverehrende Herren und Damen! merken Sie denn nicht, wo der Hase im Pfeffer liegt? Das Ganze ist eine Allegorie – eine fortgeführte Metapher! – Sie verstehen mich! – Sapienti sat!« Aber viele hochzuverehrende Herren beruhigten sich nicht dabei; die Geschichte mit dem Automat hatte tief in ihrer Seele Wurzel gefasst und es schlich sich in der Tat abscheuliches Misstrauen gegen menschliche Figuren ein. Um nun ganz überzeugt zu werden, dass man keine Holzpuppe liebe, wurde von mehrern Liebhabern verlangt, dass die Geliebte etwas taktlos singe und tanze, dass sie beim Vorlesen sticke, stricke, mit dem Möpschen spiele u. s. w. vor allen Dingen aber, dass sie nicht bloß höre, sondern auch manchmal in *der* Art spreche, dass dies Sprechen wirklich ein Denken und Empfinden voraussetze. Das Liebesbündnis vieler wurde fester und dabei anmutiger, andere dagegen gingen leise auseinander. »Man kann wahrhaftig nicht dafür stehen«, sagte dieser und jener. In den Tees wurde unglaublich gegähnt und niemals genieset, um jedem Verdacht zu begegnen. – Spalanzani musste, wie gesagt, fort, um der Kriminaluntersuchung wegen der menschlichen Gesellschaft betrüglicher Weise eingeschobenen Automats zu entgehen. Coppola war auch verschwunden. –

Teeisten **Teilnehmers an den Teegesellschaften**

eine Allegorie ... fortgeführte Metapher **ein sprachliches Bild, nichts Wirkliches**

Sapienti sat! **(lat.) genug für den, der eingeweiht ist**

Nathanael erwachte wie aus schwerem, fürchterlichem Traum, er schlug die Augen auf und fühlte wie ein unbeschreibliches Wonnegefühl mit sanfter himmlischer Wärme ihn durchströmte. Er lag in seinem Zimmer in des Vaters Hause auf dem Bette, Clara hatte sich über ihn hingebeugt und unfern standen die Mutter und Lothar. »Endlich, endlich, o mein herzlieber Nathanael – nun bist du genesen von schwerer Krankheit – nun bist du wieder mein!« – So sprach Clara recht aus tiefer Seele und fasste den Nathanael in ihre Arme. Aber dem quollen vor lauter Wehmut und Entzücken die hellen glühenden Tränen aus den Augen und er stöhnte tief auf: »Meine – meine Clara!« – Siegmund, der getreulich ausgeharrt bei dem Freunde in großer Not, trat herein. Nathanael reichte ihm die Hand: »Du treuer Bruder hast mich doch nicht verlassen.« – Jede Spur des Wahnsinns war verschwunden, bald erkräftigte sich Nathanael in der sorglichen Pflege der Mutter, der Geliebten, der Freunde. Das Glück war unterdessen in das Haus eingekehrt; denn ein alter karger Oheim, von dem niemand etwas gehofft, war gestorben und hatte der Mutter nebst einem nicht unbedeutenden Vermögen ein Gütchen in einer angenehmen Gegend unfern der Stadt hinterlassen. Dort wollten sie hinziehen, die Mutter, Nathanael mit seiner Clara, die er nun zu heiraten gedachte, und Lothar. Nathanael war milder, kindlicher geworden, als er je gewesen und erkannte nun erst recht Claras himmlisch reines, herrliches Gemüt. Niemand erinnerte ihn auch nur durch den leisesten Anklang an die Vergangenheit. Nur, als Siegmund von ihm schied, sprach Nathanael: »bei Gott Bruder! ich war auf schlimmem Wege, aber zu rechter Zeit leitete mich ein Engel auf den lichten Pfad! – Ach es war ja Clara! –« Siegmund ließ ihn nicht weiter reden, aus Besorgnis, tief verletzende Erinnerungen möchten ihm zu hell und flammend aufgehen. – Es war an der Zeit, dass die vier glücklichen Menschen nach dem Gütchen ziehen wollten. Zur Mittagsstunde gingen sie durch die Straßen der Stadt. Sie hatten manches eingekauft, der hohe Ratsturm warf seinen Riesenschatten über den Markt. »Ei! sagte Clara: steigen wir doch noch einmal herauf und schauen in das ferne Gebirge hinein!« Gesagt, getan! Beide, Nathanael und Clara, stiegen herauf, die Mutter ging mit der Dienstmagd nach Hause, und Lothar, nicht geneigt, die vielen Stufen zu erklettern, wollte unten warten. Da standen die beiden Liebenden Arm in Arm auf der höchsten Galerie des Turmes und schauten hinein in die duftigen Waldungen, hinter denen das blaue Gebirge, wie eine Riesenstadt, sich erhob.

»Sieh doch den sonderbaren kleinen grauen Busch, der ordentlich auf uns los zu schreiten scheint«, frug Clara. – Nathanael fasste mechanisch nach der Seitentasche; er fand Coppolas Perspektiv, er schaute seitwärts – Clara stand vor dem Glase! – Da zuckte es krampfhaft in seinen Pulsen und Adern – totenbleich starrte er Clara an, aber bald glühten und sprühten Feuerströme durch die rollenden Augen, grässlich brüllte er auf, wie ein gehetztes Tier; dann sprang er hoch in die Lüfte und grausig dazwischen lachend schrie er in schneidendem Ton: »Holzpüppchen dreh dich – Holzpüppchen dreh dich« – und mit gewaltiger Kraft fasste er Clara und wollte sie herabschleudern, aber Clara krallte sich in verzweifelnder Todesangst fest an das Geländer. Lothar hörte den Rasenden toben, er hörte Claras Angstgeschrei, grässliche Ahnung durchflog ihn, er rannte herauf, die Tür der zweiten Treppe war verschlossen – stärker hallte Claras Jammergeschrei. Unsinnig vor Wut und Angst stieß er gegen die Tür, die endlich aufsprang – Matter und matter wurden nun Claras Laute: »Hülfe – rettet – rettet –« so erstarb die Stimme in den Lüften. Sie ist hin – ermordet von dem Rasenden, so schrie Lothar. Auch die Tür zur Galerie war zugeschlagen. – Die

Verzweiflung gab ihm Riesenkraft, er sprengte die Tür aus den Angeln. Gott im Himmel, – Clara schwebte von dem rasenden Nathanael erfasst über der Galerie in den Lüften – nur mit einer Hand hatte sie noch die Eisenstäbe umklammert. Rasch wie der Blitz erfasste Lothar die Schwester, zog sie hinein, und schlug in demselben Augenblick mit geballter Faust dem Wütenden ins Gesicht, dass er zurückprallte und die Todesbeute fahren ließ.

Lothar rannte herab, die ohnmächtige Schwester in den Armen. – Sie war gerettet. – Nun raste Nathanael herum auf der Galerie und sprang hoch in die Lüfte und schrie *»Feuerkreis* dreh' dich – *Feuerkreis* dreh' dich« – Die Menschen liefen auf das wilde Geschrei zusammen; unter ihnen ragte riesengroß der Advokat Coppelius hervor, der eben in die Stadt gekommen und gerades Weges nach dem Markt geschritten war. Man wollte herauf, um sich des Rasenden zu bemächtigen, da lachte Coppelius sprechend: »ha ha – wartet nur, der kommt schon herunter von selbst«, und schaute wie die Übrigen hinauf. Nathanael blieb plötzlich wie erstarrt stehen, er bückte sich herab, wurde den Coppelius gewahr und mit dem gellenden Schrei: »Ha! Sköne Oke – Sköne Oke«, sprang er über das Geländer. –

Als Nathanael mit zerschmettertem Kopf auf dem Steinpflaster lag, war Coppelius im Gewühl verschwunden. –

Nach mehreren Jahren will man in einer entfernten Gegend Clara gesehen haben, wie sie mit einem freundlichen Mann, Hand in Hand vor der Türe eines schönen Landhauses saß und vor ihr zwei muntre Knaben spielten. Es wäre daraus zu schließen, dass Clara das ruhige häusliche Glück noch fand, das ihrem heitern lebenslustigen Sinn zusagte und das ihr der im Innern zerrissene Nathanael niemals hätte gewähren können.

Materialien

Lebenschronik

E.T.A. Hoffmann:
Selbstporträt (um 1815)

Wilhelm Hensel: Hoffmann, Zeichnung (1821)

Horst Janssen: Hoffmann, Zeichnung (1974)

1776 Geburt Ernst Theodor Wilhelm Hoffmanns am 24. Januar im preußischen Königsberg als drittes Kind des Hofgerichts-Advokaten Christoph Ludwig Hoffmann (1736–1797) und dessen Frau Louisa Albertine, geb. Doerffer (1748–1796). Umwandlung des Vornamens Wilhelm in Amadeus 1805 aus Verehrung für Wolfgang Amadeus Mozart.

1778 Scheidung der Eltern. Hoffmann bleibt bei seiner Mutter und wächst in der Doerfferschen Familie auf.

1782 Eintritt in die reformierte Burgschule in Königsberg (bis 1792).

1786 Beginn der lebenslangen Freundschaft mit Theodor Gottlieb Hippel (1775–1843).

1790 Musikunterricht bei dem Domorganisten Christian Podbielski, Zeichenunterricht bei dem Maler Johann Gottlieb Saemann.

1792 Immatrikulation an der juristischen Fakultät in Königsberg.

1793 Erste Liebe zu einer Musikschülerin, der neun Jahre älteren und verheirateten Dora Hatt (1766–1803).

1795 Arbeit an zwei – jetzt verschollenen – Romanen. »Das Studieren geht langsam und traurig – ich muss mich zwingen ein Jurist zu werden.« (Brief an Hippel am 1.5.1795) Erstes juristisches Examen; Auskultator (Referendar) am Gericht in Königsberg.

1796 »Die Wochentage bin ich Jurist und höchstens etwas Musiker, sonntags am Tage wird gezeichnet und abends bin ich ein sehr witziger Autor bis in die späte Nacht.« (Brief an Hippel 23.1.1796) Wegen der Liebesgeschichte mit Dora Hatt Umsiedlung nach Glogau zum Patenonkel Johann Ludwig Doerffer.
Tod der Mutter.

1797 Tod des Vaters. Letztes Wiedersehen mit Dora Hatt.

1798 Verlobung mit der Kusine Minna Doerffer (1775–1853). Juristisches Referendarexamen. Referendar am Kammergericht in Berlin. Kompositionsunterricht bei dem Komponisten Johann Friedrich Reichardt (1752–1814).

1799 Komposition des dreiaktigen Singspiels »Die Maske«.

1800 Drittes Examen. Bekanntschaft mit Jean Paul. Ernennung zum Assessor am Obergericht Posen.

1801 Kompositionen. Aufführung des Singspiels »Scherz, List und Rache« nach einem Text Goethes.

1802 Ernennung zum Regierungsrat. Lösung des Verlöbnisses mit Minna Doerffer. Heirat mit Michaelina (Mischa) Rorer-Trzcinska (1778–1859). Wegen Karikaturen von einflussreichen Mitgliedern der Posener Gesellschaft Strafversetzung in die polnische Kleinstadt Plock/Weichsel. Kompositionstheorie, Kirchenmusik und Klavierstücke.

1803 Erste literarische Veröffentlichung: »Schreiben eines Klostergeistlichen an seinen Freund in der Hauptstadt«.

1804 Versetzung als Regierungsrat in das damals preußische Warschau; Freundschaft mit dem späteren Biografen Julius Eduard Hitzig (1780–1849).

1805 Komposition einer Bühnenmusik. Aufführung des Singspiels »Die lustigen Musikanten« in Warschau. Geburt der Tochter Cäcilia.

1806 Eröffnung des Mniszekschen Palais mit Hoffmanns Es-Dur-Sinfonie. Nach Napoleons Einmarsch in Warschau Auflösung der preußischen Verwaltung; Verlust der Anstellung.

1807 Wegen der Verweigerung des »Ergebenheitsschwurs« für Napoleon muss Hoffmann die Stadt verlassen. Schwere Erkrankung. Aufbruch nach Berlin, ohne Anstellung. Schlimmste Not.

1808 Berufung als Musikdirektor nach Bamberg; misslungenes Debüt als Dirigent. Betätigung als Theaterkomponist. Hoffmann lebt vom privaten Musikunterricht.

1809 Bankrott des Bamberger Theaters. Beginn der Rezensenten- und Schriftstellertätigkeit; Publikation der Erzählung »Ritter Gluck«. Reger Anteil am kulturellen Leben Bambergs. Bekanntschaft mit dem bekannten Arzt Adalbert Friedrich Marcus: Beschäftigung mit Naturphilosophie, Naturwissenschaft, Medizin, neuen Therapien psychischer Krankheiten. Studium der Schriften Gotthilf Heinrich Schuberts.

1810 Unter dem Theaterleiter Franz von Holbein Direktionsgehilfe, Hauskomponist, Bühnenarchitekt, Kulissenmaler. Inszenierungen (»Hamlet«, »Don Giovanni«, »Entführung«). Erzählung »Johannes Kreisler's, des Kapellmeisters, musikalische Leiden«.

1811 Wachsende Leidenschaft für die Gesangsschülerin Julia Marc (1796–1865), Steigerung »bis zum Wahnsinn« (Tagebuch 25. Februar 1811). Flucht in Geselligkeits- und Alkoholexzesse.

1812 Höhepunkt der Leidenschaft für Julia Marc. Tagebucheintrag 31.1.1812: »V.M bey Kunz – einen Augenblick bey der Mark [Mutter Julias] bey Rothenhan [Gräfin, deren Töchtern Hoffmann Musikunterricht gibt] – N.M. zu Hause – ›Rose‹ [Theaterkneipe] Ktch [Abkürzung für »Käthchen« statt »Julia« zur Geheimhaltung vor der Ehefrau] im Theater – die abscheuligste widerwärtigste Stimmung seit langer Zeit – [Zeichnung: ein Pokal, gemeint »betrunken«] um sie zu verjagen EhstandsSzenen im Theater – alles vergebens – Aergerlich – galligt zum [Zeichnung: Pistole mit Schuss] Schon zum zweitenmahl das verhängnissvolle Zeichen!!!!«
Verlobung Julias mit einem anderen. Eklat bei einem Ausflug mit der Familie Marc. Beschäftigung mit Na-

turphilosophie und dem animalischen Magnetismus. Nach Holbeins Weggang erneute Stellungslosigkeit, Geldnot. Erzählung »Don Juan«.

1813 Erzählung »Nachricht von den neuesten Schicksalen des Hundes Berganza«. Angebot als Kapellmeister in Dresden und Leipzig. Dort zahlreiche Inszenierungen während der schlimmsten Kriegswirren (Napoleon). Vertrag mit dem befreundeten Bamberger Weinhändler und Verleger Carl Friedrich Kunz (1785–1849) über »Die Fantasiestücke in Callot's Manier«. Komposition der Oper »Undine«, Text: Friedrich de la Motte-Fouqué (1777–1843).

1814 Zerwürfnis mit Seconda und Entlassung, erneute Not. Intensive schriftstellerische Arbeit: Märchen »Der goldne Topf«. Roman »Die Elixiere des Teufels«. Musikrezensionen. Flugschrift über die Eindrücke bei der Schlacht von Dresden. Durch Vermittlung des Freundes Hippel Wiedereinstellung in den preußischen Staats-

Das alte Hoftheater in Dresden

dienst; Arbeit am Kammergericht Berlin. Versetzung in den Kriminalsenat dort. Erscheinen der »Fantasiestücke in Callot's Manier«. Gründung eines literarischen Freundschaftsbunds, des »Seraphinenordens« (Hoffmann, Hippel, Fouqué, Salice-Contessa, Hitzig, Chamisso, der Arzt Koreff).

1815 Hoffmann ist begehrter Taschenbuch- und Almanach-Autor, gern gesehener Gast in künstlerischen Kreisen. Freundschaft mit dem Schauspieler Ludwig Devrient (1784–1832). Kontakte auch zu Brentano, Eichendorff, Tieck.

1816 Ernennung zum Kammergerichtsrat. Uraufführung der Oper »Undine« in Berlin. Erster Teil der Erzählsammlung »Nachtstücke« (u. a. »Der Sandmann«).

1817 Hohe Anerkennung als Richter beim Kammergericht, umworbener Autor, bekannt als Opernkomponist. Stammgast im Weinhaus von Lutter und Wegner. Im Sommer Brand des Theaters, Vernichtung der Bühnenbilder zu »Undine«. Zweiter Teil der »Nachtstücke«.

Das Königliche Schauspielhaus zu Berlin

1818 Plan einer Sammlung von Erzählungen, die »Seraphinen-Brüder« (später »Serapions-Brüder«). Schwere Erkrankung, Konzeption des satirischen Märchens »Klein Zaches genannt Zinnober«. Im Sommer Erwerb eines Katers, »Murr«. Erzählung »Das Fräulein von Scuderi« und die Schrift »Seltsame Leiden eines Theaterdirektors«.

1819 Publikation des ersten Bands der »Serapions-Brüder«. Beginn der Arbeit an dem Roman »Lebensansichten des Kater Murr«. Berufung zum Mitglied der »Immediat-Untersuchungs-Kommission zur Ermittlung hochverräterischer Verbindungen und anderer gefährlicher Umtriebe«; mehrere Gutachten, Forderung der Freilassung inhaftierter »Demagogen«. Heftige Kritik und erbitterte Gegnerschaft des Polizeidirektors von Kamptz, des Innen- und Polizeiministers und des Justizministers.

1820 Forderung der Freilassung des Turnvaters Jahn (1778–1852) und Rechtfertigung von dessen Beleidi-

Kreuzung rechter Bildrand: Berlin Charlottenstraße, Ecke Taubenstraße, Hoffmanns Wohnung

gungsklage gegen von Kamptz. Capriccio »Prinzessin Brambilla«.

1821 Beförderung in den Oberappellationsrat des Kammergerichts, breite finanzielle Absicherung. Arbeit an dem Märchen »Meister Floh«, Pläne für weitere literarische und musikalische Arbeiten.

1822 Im Januar schwere Erkrankung. Wegen satirischer, angeblich gegen von Kamptz gerichteter Textstellen in »Meister Floh« Beginn eines Verfahrens wegen Verhöhnung der Demagogenverfolgung und Verrat von Amtsgeheimnissen. Brief des Verlegers Wilmans an Hoffmann (22.1.1822): »Ganz unerwartet wurde ich aber gestern in aller Frühe vor unserer hochl[öblichen] Polizey gefordert – und auf Requisition des Minister von Schuckmann – Namens der K[önigl.] P[reußischen] Regierung gefragt: ob ich obenerwähntes Werck [»Meister Floh«] in meinem Verlag übernommen? […] habe ich meiner löblich[en] Behörde alle bis jetzt gedruckten Bogen, das noch ungedruckte Manuscript und selbst auch ungefordert Ihre Briefe, zur Durchsicht übergeben.« Hippel setzt sich für den Freund ein. Im Februar Diktat einer Verteidigungsschrift in eigener Sache, im April Diktat der Erzählung »Des Vetters Eckfenster«.
Am 25. Juni Tod Hoffmanns.
»Meister Floh« erscheint in zensierter Fassung.

Klaus Günzel

Die Verschränkung zweier Welten 1997

Eigentlich war er den Berlinern, wenigstens honetten Bürgern, noch nie ganz geheuer gewesen, seit er unter ihnen seine Kapriolen schlug: der Mann mit den sprühenden Funkelaugen und mit den ständig zuckenden Muskeln seines gelblichen, fast ins Schwefelige hinüberchangierenden Gesichts. Er war ein Kobold, wenn es je einen gab, an dessen vibrierendes Wesen »die Natur nur das unentbehrlichste Quantum von Fleisch und Bein gewendet hatte, um es unter die Körper reihen zu können«. So schilderte ihn die Schriftstellerin Helmina von Chézy, deren Kindern er in der Dunkelheit als furchterregendes Gespenst erschienen war.

Dabei kannte Frau von Chézy den Kammergerichtsrat Ernst Theodor Wilhelm Hoffmann nicht nur von solchem Allotria her. Sie hatte, gegen Ende der Befreiungskriege, auf die skandalösen Zustände in den preußischen Lazaretten und auf die unwürdige Behandlung der Invaliden hingewiesen. Als General von Gneisenau eine strenge Untersuchung anordnete, erhob die Invaliden-Prüfungskommission eine Beleidigungsklage gegen die Literatin. Hoffmann, dem der Fall übertragen wurde, verhörte die mutige Dame und erreichte mit seinem Gutachten ihren Freispruch.

Dergleichen couragierte Richtersprüche wunderten diejenigen nicht, die ihn näher kannten, und es kannten ihn in der Haupt- und Residenzstadt Berlin viele Leute. Sogar durchreisende Fremde wollten ihn wie eine Sehenswürdigkeit besichtigen. Zuweilen sah man ihn in seiner Wohnung, im zweiten Stockwerk des Hauses Taubenstraße 31, Ecke Charlottenstraße, am Fenster, von wo er das Gewimmel auf dem Gendarmenmarkt wie ein Komödienspiel beobachtete.

Aber wann war Hoffmann schon zu Hause? Öfter traf

man ihn in Schonerts Weinstube und in Dietrichs Restauration, im »Goldenen Anker« am Dönhoffschen Platz und in Kempers Lokal im Tiergarten. Als nächtliches Hauptquartier des Kammergerichtsrates galt der Weinkeller von Lutter und Wegner, Charlottenstraße, Ecke Französische Straße, wo er zusammen mit seinem Freund, dem Schauspieler Ludwig Devrient, rechtschaffene Zeitgenossen das Gruseln lehrte. Der Redakteur Friedrich Wilhelm Gubitz behielt davon eine lebenslange Abneigung gegen Champagner, und der Freiherr von Lüttwitz bekam dort von dem hinterhältigen Duo ein Stück Schaumseife als »Lodi-Käse« serviert. Er bemerkte es erst, als ihm der Schaum in allen Regenbogenfarben aus dem Munde quoll.

Doch damit nicht genug. Dieser spektakuläre Zecher veröffentlichte romantische und doch merkwürdig wirklichkeitsnahe Erzählungen, aus denen hervorging, dass Spukgestalten und sonstige Phantome mitten im biedermeierlichen Berlin, etwa Unter den Linden, ihren Wohnsitz hatten. Auf den Titelblättern solcher literarischer Produktionen pflegte der Verfasser allerdings seinen dritten Vornamen, den preußischen »Wilhelm«, gegen den mozartischen »Amadeus« zu vertauschen, als hätte er andeuten wollen, dass in ihm zwei sehr unterschiedliche Wesen miteinander im Hader lagen.

Nimmt man noch hinzu, dass er soeben die erste deutsche romantische Oper, die »Undine«, komponiert hatte und dass er während der Gerichtssitzungen die Aktenblätter mit Karikaturen seiner Kollegen versah, so haben wir das höchst verwirrende Silhouettenbild eines Mannes, der doch tatsächlich einmal hoher Justizbeamter des Königs von Preußen gewesen ist. [...]

M

Arbeitsanregungen

1. Betrachten Sie die drei Porträts von E.T.A. Hoffmann (S. 52) und besprechen Sie in Ihrer Lerngruppe die Unterschiede. (Horst Janssen hat die Bleistiftzeichnung Wilhelm Hensels als Vorlage für sein »Doppelporträt« benutzt.) Welche Eindrücke vermitteln die Porträts über den Menschen E.T.A. Hoffmann? Vergleichen Sie damit die Darstellung in dem Text von Klaus Günzel (S. 60 f.).

2. Bestimmen Sie in Hoffmanns Biografie entscheidende Wendepunkte und formulieren Sie dazu Fragen für ein fiktives Interview mit dem Autor.

3. Informieren Sie sich in Lexika, Fachbüchern und im Internet über »Berlin 1815« (Entstehungsjahr des »Sandmann«), d.h. über Personen, Politik, Wirtschaft, Kultur. Erstellen Sie eine kommentierte Collage mit Texten und Bildern und präsentieren Sie Ihr Arbeitsergebnis in einem Präsentationsmedium.

4. Erstellen Sie ein Exposé für eine Film-Dokumentation über Leben und Werk E.T.A. Hoffmanns. Entscheiden Sie sich zunächst für eine Idee, ein nicht unbedingt am chronologischen Nacheinander orientiertes Konzept, das den Ablauf der einzelnen Filmsequenzen bestimmen soll.

5. »Hoffmann trifft Hoffmann trifft Hoffmann«: Schreiben Sie den Dialog zwischen dem Schriftsteller Hoffmann, dem bildenden Künstler Hoffmann und dem Musiker Hoffmann, in dem die drei sich darüber unterhalten, was sie mit ihrer jeweiligen Kunst erreichen wollen.

Detlef Kremer

Die Zirkel des Begehrens und der Wahrnehmung

1999

Während der Arbeit am zweiten Band der »Elixiere des Teufels«, im Laufe des Jahres 1815, entwarf Hoffmann das Projekt zu einem zweiten Sammelband von Erzählungen [...]. Der Ausgangspunkt dieser zweiten Sammlung war eine Erzählung, die er schon 1814 für die »Fantasiestücke« geschrieben hatte, die damals aber wegen ihres katastrophischen Inhalts vom Verleger Kunz abgelehnt worden war. Es handelt sich dabei um einen Text, der zunächst als »Der Revierjäger«, später »Ignaz Denner« betitelt war. Zum motivischen Ausgangspunkt dieser neuen, durchweg auf düstere Töne gestimmten Sammlung wurde eine Erzählung, die sich neben dem »Goldenen Topf« zum wohl bekanntesten Text Hoffmanns entwickelte. Sie ist in einer handschriftlichen Fassung vom 16. November 1815 überliefert und trägt den Titel: »Der Sandmann«. Mit dieser Erzählung entstand auch der wiederum an einem malerischen Genre orientierte Sammeltitel »Nachtstücke«.

Genre
Gattung

Gut eine Woche nach Niederschrift des »Sandmanns« schickte Hoffmann dem Berliner Verleger Reimer das Manuskript mit dem Plan des Bandes: »So wie mir Hitzig sagt, würden Ew. Wohlgebohren vielleicht geneigt seyn ein Bändchen Erzählungen unter dem allgemeinen Titel: »Nachtstücke«, herausgegeben von dem Verfasser der Fant[asie] St[ücke] in Call[ots] Man[ier] in Verlag zu nehmen, und unter dieser Voraussetzung bin ich so frey Ihnen die erste jener Erzählungen: der Sandmann, zu gütiger Durchsicht mit dem Bemerken zuzusenden, daß die zweite: der Revierjäger, auch bereits vollendet, so wie ein Cyklus von vier kleinen Erzählungen, der den Band schließen sollte, skizzirt ist. Den Band würde ich nach dem Druck, wie er in den Elixieren des Teufels statt findet, auf 24 Druckbogen berechnen, und im Fall Ew. Wohlgeboren das Werkchen in Verlag nehmen wollten, könnte der Druk [sic!] alsbald beginnen, und würde ich es Ihnen ganz überlassen, in wie fern Sie die jetz[igen] Nachtstücke als erstes Bändchen abdrucken, und dann in der Folge es darauf ankommen lassen wollten, in wie fern es räthlich sey noch ein zweites folgen zu lassen.«

Wegen der stark gestiegenen beruflichen Anforderungen und der Vorbereitungen zur Aufführung seiner Oper »Undine« während des ersten Halbjahrs 1816 lieferte Hoffmann das Manuskript für den ersten Band der »Nachtstücke« erst im September 1816. Er erschien noch Ende des gleichen Monats mit der Jahreszahl 1817 in der Reimerschen Realschulbuchhandlung. Der zweite Band wurde über ein Jahr später, im November 1817, ebendort publiziert. […]

Direkte literarische Einflüsse, die die Gesamtanlage des »Sandmanns« beträfen, liegen nicht vor. Wohl aber lassen sich für die zentrale Konfiguration von Hoffmanns Text – die katastrophisch endende Animation der »kalten« Frau im voyeuristischen Blickarrangement – zwei Bezugstexte bestimmen, die deutliche Spuren im »Sandmann« hinterlassen haben: Ludwig Tiecks »Liebeszauber« aus dem Jahr 1811 und Achim von Arnims »Melück Maria Blainville« aus der Novellensammlung von 1812. Vom ersten weiß man, dass Hoffmann ihn gekannt hat, vom zweiten ist es ungewiss. Ähnlich wie im Falle Nathanaels ist es bei Tieck der Blick durch einen Fensterspalt, der das Begehren des Helden Emil kanalisiert.

Allabendlich platziert er sich an seinem Fenster, um seine Liebe zu einer fremden Schönheit im gegenüberliegenden Zimmer voyeuristisch zu pflegen. Eines Abends wird er jedoch nicht Augenzeuge weiblicher Schönheit, sondern der rituellen Schlachtung eines Kindes. Das schreckhafte Umschlagen der Liebe in eine tödliche Katastrophe ist bei Tieck, ähnlich wie vorher schon im »Runenberg«, mit der Gestalt der Venus konnotiert, der in kalten Marmor gemeißelten antiken Liebesgöttin: »das schöne Mädchen folgte ihr, blaß, entstellt, die schönsten Brüste ohne Hülle, aber das ganze Bild einer Statue von Marmor ähnlich.« In einer irritierenden Ambivalenz von erotischer Attraktion und todbringender Kälte ist die Venus-Imagination in der romantischen Männerphantasie durchweg angstbesetzt. Der mechanische, dabei aber zugleich magische Aspekt der »kalten« Venus findet sich vor Hoffmanns Olimpia vor allem in Arnims »Melück Maria Blainville«. Der »Liebeszauber« läuft hier zwar nicht über einen perspektivisch verstärkten Blick, sondern über fetischistische »Liebeszeichen«, doch wie bei Tieck steht im Mittelpunkt eine »Statue«, eine »große Gliederpuppe«, wie »Maler sie als Ersatz für lebende Modelle brauchen«. Und auch bei Arnim zeitigt die Liebe zur »kalten« Frau den Tod des Mannes. […]

Hartmut Steinecke

Nachtstücke 1997

Der Begriff »Nachtstück« entstammt der bildenden Kunst des 16. Jahrhunderts; er wurde in Deutschland seit der Mitte des 18. Jahrhunderts gelegentlich auf die Literatur übertragen, so von Jean Paul, und bezeichnete sowohl konkret in der Nacht spielende Szenen als auch im übertragenen Sinn ein

»nächtliches« – geheimnisvolles, grausiges – Geschehen. Hoffmann konnte also auf eine Bezeichnung zurückgreifen, die zwar bekannt, aber inhaltlich noch nicht allzu deutlich festgelegt war. Hoffmann verband die verschiedenen Bedeutungsmöglichkeiten des Begriffs unter starker Betonung der übertragenen Bedeutung und machte daraus eine literarische Gattungsbezeichnung. Diese Begriffsbestimmung setzte sich durch, sodass Hoffmann eine zentrale Rolle in der Geschichte dieser Erzählgattung zukommt.

Hoffmann gebrauchte den Begriff »Nachtstück« zum ersten Mal in der Handschrift der Erzählung »Der Sandmann«, die er datiert: »16. Novbr 1815 Nachts 1 Uhr«. Diese Erzählung steht am Beginn des Sammelwerkes, das diesen Titel trägt: »Nachtstücke«, und kann als das exemplarische Nachtstück betrachtet werden. [...]

Immer wieder werden in den »Nachtstücken« Phänomene teilweise erklärt – naturwissenschaftlich, psychologisch oder medizinisch –, aber man kann nicht sicher sein, ob diese Erklärungen hinreichen oder ob sie nicht gar in die Irre führen. Solche Unsicherheit bedrängt nicht nur die Gestalten der

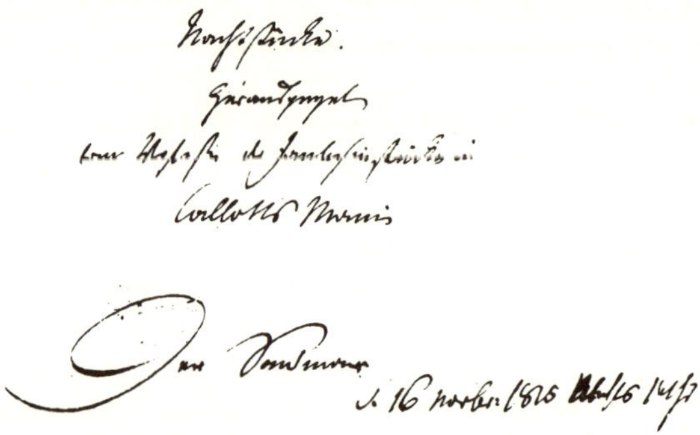

Beginn der Handschrift Hoffmanns zum »Sandmann«

Erzählung, sondern auch den Leser, weil der Erzähler ihm selten Hinweise gibt, wie er das Geschehen verstehen soll.

Das durchgehende Thema aller »Nachtstücke« ist mithin die Unfreiheit des Menschen, seine Bedrohung durch das Unbegreifliche und Unheimliche. Das verweist auf den weltanschaulichen Hintergrund des Nächtlichen. Der Optimismus der Aufklärer, dass das Licht der Vernunft, dass die Wissenschaft die Welt und den Menschen erklären könne, war in der Romantik der Skepsis gewichen, der Überzeugung, dass es auch Nachtseiten gebe, die dem Verstand nicht zugänglich sind. Gotthilf Heinrich Schubert machte diesen Begriff mit seinem Werk »Ansichten von der Nachtseite der Naturwissenschaft« (1808), in dem er die verschiedenen Tendenzen zusammenfasste und naturphilosophisch vertiefte, populär. Die Nachtseiten spielen in der romantischen Medizin und Naturwissenschaft eine zentrale Rolle. Einen wichtigen Komplex bilden dabei die Phänomene der psychischen Krankheiten bis hin zur Bewusstseinsspaltung und zum Wahnsinn. Einen zweiten Komplex bilden die Erscheinungen des Magnetismus [...]. Hoffmann hat sich mit all diesen Erscheinungen intensiv beschäftigt und auseinander gesetzt. Das Ergebnis für ihn war, dass er im Gegensatz zu den Rationalisten und den meisten Menschen seiner Zeit nicht mehr glaubte, man könne eine Grenzlinie zwischen Gesundheit und Krankheit, Normalität und Wahn ziehen, denn eine klare Grenze gebe es nicht. Seine Erzählweise überlässt dem Leser die Aufgabe, selbst über diese Fragen nachzudenken.

Magnetismus
→ Seite 125

Da das Nächtliche vom äußeren Stofflichen bis zu solchen komplexen psychischen Fragen reicht, ist fast allen Erzählungen eine lebhafte, bunte Handlung eigen, die gelegentlich auch etwas verworren ist, grelle Effekte nicht scheut: Spannung und Unterhaltsamkeit sind durchgehende Kennzeichen.

Arbeitsanregungen

1. Ordnen Sie die Entstehung der Erzählung »Der Sandmann« in die Biografie Hoffmanns ein.

2. Erläutern Sie den Titel des Textes von Detlef Kremer (S. 63–65): Welche »Zirkel des Begehrens« und welche »der Wahrnehmung« erkennen Sie in der Handlung des »Sandmann«?
   Welcher Zusammenhang besteht zwischen den beiden »Zirkeln«?
   Worin sehen Sie die Vergleichbarkeit der Erzählung Hoffmanns mit den Erzählungen Tiecks und von Arnims, deren Handlung in dem Text von Kremer skizziert wird?

3. Formulieren Sie in einer tabellarischen Übersicht die wichtigsten Kennzeichen der Erzählgattung »Nachtstück«.

4. Welche Handlungselemente und welche Eigenarten der Erzählweise machen den »Sandmann« zu einem »Nachtstück«?

5. Entwerfen Sie in zehn bis zwölf Sätzen den Handlungsverlauf eines heutigen »Nachtstücks« in den »Zirkeln des Begehrens und der Wahrnehmung«.

Verstehen und Deuten

Unheimliche Macht – Dämonen, Magnetiseure, Zauberer

Franz Fühmann

Etwas über das Schauerliche bei E.T.A. Hoffmann — 1979

[…] zwei Elemente [gehören] unabdingbar zum Wesen des Unheimlichen […]: Alltagserfahrung und Wiederkehr des Alten, und eben die sind auch Hoffmanns Grundelemente. Restauration als Beginn einer deutschen Neuzeit, Kosaken als Befreier vom republikanischen Kaiser, Wiedereinführung des Zopfs und die ersten Dampfer, Zensur und Schnellpresse, Heilige Allianz und der erste Naturforscherkongress, der Spuk des verscharrt gewähnten Alten an der Wiege von neuen Gespenstern: aus dieser Erfahrung wuchs Hoffmanns Unheimliches, und aus diesem Unheimlichen seine Größe […].

Rüdiger Safranski

In der Gewalt der Geschichte — 1984

Hoffmann, bisher von großer politischer Gleichgültigkeit, gerät [1813, durch seinen Neubeginn in Dresden und Leipzig, mitten im Zentrum turbulenter Kriegswirren] unter Politisierungsdruck, eine Folge der Veränderung, die sich in der Sphäre des Politischen inzwischen auch in Deutschland vollzogen hat: Das Politische ist expansiv geworden, es okkupiert Leidenschaften, Gesinnungen, Hoffnungen, Wünsche.

Was sich kulturell lange schon, seit dem Sturm und Drang, vorbereitet hat, nun bricht es auf: ein politisches Nationalbewusstsein. Nation, Vaterland, Freiheit – das sind jetzt Werte, für die Menschen zu sterben bereit sind. [...]

Bis zur Französischen Revolution war die Historie weithin Privileg und Schrecknis einiger weniger gewesen. Die Menschen in ihrer Gesamtheit waren den Kriegen und der allgemeinen Ausplünderung ebenso unterworfen wie jeder beliebigen Seuche oder Naturkatastrophe. [...] Erst die Ereignisse von 1789 bis 1815 lassen bei den Zeitgenossen so etwas entstehen wie die verstehende Wahrnehmung von historischen Abläufen, die sich, synchron zu ihrer Politisierung, beschleunigen. [...]

Als eine solche grauenhaft-faszinierende Macht wirkte Napoleon auf die Zeitgenossen, auch auf Hoffmann. Seine

Der Universalmonarch: Napoleon auf den Schädeln seiner Opfer. Karikatur E.T.A. Hoffmanns (1813)

politische Indifferenz bewahrte ihn nicht vor der damals fast epidemischen Ergriffenheit angesichts des Phänomens »Napoleon«. Dieser Napoleon war weitaus mehr als eine politische Realität, er war ein Mythos. [...] Er rührte an den psychischen Kern der damaligen Welt. Das gilt für die Bewunderung, die ihm entgegengebracht wurde, und für den Hass, der ihm entgegenschlug. [...]

[In seiner Erzählung »Der Dey von Elba in Paris« – gemeint ist Napoleon – versucht Hoffmann] ein distanzierendes Resümee des Zeitgeistes dieser Jahre: »Diese Zeit hegte nicht allein den uns angeborenen Sinn fürs Wunderbare, unsere Gier nach unerwarteten Ereignissen – nein –, sie tat mehr; sie überflügelte mit dem Ungeheuren, was sie geschehen ließ, unsere kühnste Einbildungskraft.«

E.T.A. Hoffmann

Erscheinungen 1817

Äußerst erregt sucht in Hoffmanns Erzählung »Erscheinungen« im Herbst des Jahres 1815 der junge sanfte Dichter Anselmus einen Dresdner Freund auf; er muss seine schlimmen Erinnerungen an die Zeit der Belagerung von Dresden zwei Jahre zuvor loswerden; die Stadt war damals nach der Schlacht bei Dresden am 25. und 26. August 1813 in der Hand der napoleonischen Armee und wurde von den alliierten Preußen und Russen belagert. Hoffmann hat diese Zeit in Dresden selbst erlebt. Anselmus erzählt:

Schlacht bei Dresden
→ Seite 126

»Morgen früh um acht Uhr sind es gerade zwei Jahre her, als der [französische General] Graf von der Lobau mit zwölftausend Mann und vierundzwanzig Kanonen aus Dresden auszog, um sich nach den Meißner Bergen hin durchzuschlagen –« »Nun, das muss ich gestehen«, rief der Freund laut lachend, »mit wahrer Andacht hab ich gewartet auf irgendeine himmlische Erscheinung, die deinem Zaubergarten entschweben würde und nun! – Was geht mich der Graf von der Lobau und sein Ausfall an? – und dass du es behalten hast, dass es gerade zwölftausend Mann und vierundzwanzig Kanonen waren! Seit wann kleben denn kriegerische Ereignisse fest in deinem Kopfe?« – »Ist dir denn«, sprach Anselmus, »ist dir denn die so kurz vergangene verhängnisvolle Zeit schon so fremd geworden, dass du es nicht mehr weißt, wie das geharnischte Ungetüm [Napoleon] uns alle erreichte und erfasste? – [...] in *jedes* Brust schnitt der Dämon tiefe Wunden, und aufgereizt von wildem Schmerz ergriff jedes Faust die ungewohnte Waffe, nicht nur zum Schutz, nein, zum Trutz, damit die heillose Schmach gebüßt und gerächt werde im Tode. – Lebendig gestaltet in Fleisch und Blut tritt mich eben heute die Macht an, welche in jenen dunklen Tagen waltete und mich forttrieb von Kunst und Wissenschaft in das wilde blutige Getümmel. – War es mir denn möglich am Schreibtisch sitzen zu bleiben? – Ich trieb mich auf den Gassen umher, ich lief den ausziehenden Truppen nach, soweit ich durfte, nur um selbst zu schauen und aus dem was ich geschaut Hoffnung zu schöpfen, erbärmliche prahlhafte Anschlagszettel und Nachrichten nicht achtend. Als nun vollends jene Schlacht aller Schlachten [die so genannte Völkerschlacht bei Leipzig am 18. Oktober 1813, Napoleons große Niederlage] geschlagen war, als ringsumher alles hoch aufjauchzte im entzückenden Gefühl wiedergewonnener Freiheit, und wir noch gefesselt in Sklavenketten lagen [die französische Besatzung dauerte zunächst noch an], da wollte mir die Brust zerspringen. Es war mir, als müsse ich durch irgendeine entsetzliche Tat, mir und allen, die mir gleich an die Stange gekettet, Luft und Freiheit verschaffen. Es mag

M

dir jetzt und so wie du mich überhaupt zu kennen glaubst, abenteuerlich, spaßhaft vorkommen, aber ich kann es dir sagen, dass ich mich mit dem wahnsinnigen Gedanken trug: irgendein Fort, das der Feind, wie ich wusste, mit starken Pulvervorräten versehen, anzuzünden, und in die Luft zu sprengen.« – Der Freund musste unwillkürlich ein wenig lächeln über den wilden Heroismus des friedfertigen Anselmus [...].

E.T.A. Hoffmann

Der Magnetiseur ______ 1813

In der Erzählung »Der Magnetiseur« geht es um die Vernichtung einer ganzen Familie durch die dämonische Macht des Arztes und Magnetiseurs Alban. Ottmar, der Sohn der Familie eines Barons, hat ihn eingeladen. Vor einiger Zeit hat Alban mit den Mitteln des Magnetismus (Mesmerismus) Ottmars 16jährige Schwester Maria von einer Nervenkrankheit geheilt. Sie ist immer noch auf seine ärztliche Hilfe angewiesen und steht in einem extrem starken Rapport zu ihm. In einem Brief an seinen Freund Theobald offenbart Alban seine Absichten:

Magnetismus
→ Seite 125

Rapport
geistige Wechselbeziehung

Es war einzig und allein die augenblickliche Erkenntnis der geheimen geistigen Beziehung zwischen Marien und mir, die mich mit dem wunderbarsten Gefühl durchbebte. Der innigsten Wonne mischte sich ein schneidender, stechender Grimm bei [...] – eine fremde feindliche Kraft widerstrebte meiner Einwirkung und hielt Mariens Geist befangen. Mit ganzer Macht meinen Geist darauf fixierend, wurde ich den Feind gewahr, und in vollem Kampf suchte ich alle Strahlen, die aus Mariens Innern mir zuströmten, wie in einem Brennspiegel

fremde feindliche Kraft
in Maria, ihr selbst nur in Träumen bewusst

Feind
in Maria

Der Magnetiseur, Zeichnung von Daniel Chodowiecki (1790)

aufzufangen. […] Marien ganz in mein Selbst zu ziehen, ihre ganze Existenz, ihr Sein so in dem meinigen zu verweben, dass die Trennung davon sie vernichten muss, das war der Gedanke, der, mich hoch beseligend, nur die Erfüllung dessen aussprach, was die Natur wollte. […] Die Natur organisierte das Weib in allen seinen Tendenzen passiv. – Es ist das willige Hingeben, das begierige Auffassen des fremden außerhalb liegenden, das Anerkennen und Verehren des höheren Prinzips, worin das wahrhaft kindliche Gemüt besteht, das nur dem Weibe eigen und das ganz zu beherrschen, ganz in sich aufzunehmen, die höchste Wonne ist. […] Maria fiel bald darauf in einen fantastischen Zustand, den Ottmar natürlicherweise für eine Nervenkrankheit halten musste, und ich kam wieder als

Arzt in das Haus, wie ich es vorausgesehen. – Maria erkannte in mir *den,* der ihr schon oft in der Glorie der beherrschenden Macht als ihr Meister im Traume erschienen, und alles, was sie nur dunkel geahnet, sah sie nun hell und klar mit ihres Geistes Augen. – Nur meines Blicks, meines festen Willens bedurfte es, sie in den so genannten somnambulen Zustand zu versetzen, der nichts anders war, als das gänzliche Hinaustreten aus sich selbst und das Leben in der höheren Sphäre des Meisters. Es war mein Geist, der sie dann willig aufnahm und ihr die Schwingen gab, dem Kerker, mit dem sie die Menschen überbaut hatten, zu entschweben. Nur in diesem Sein in mir kann Marie fortleben, und sie ist ruhig und glücklich. – [Ihres Bräutigams] Hypolits Bild kann in ihr nur noch in schwachen Umrissen existieren, und auch diese sollen bald in Duft zerfließen. [...] Hypolit ist Obrister in ...en Diensten, mithin im Felde [wohl als Soldat eines Freikorps in den Befreiungskriegen gegen Napoleon]; ich wünsche nicht seinen Tod; er mag zurückkommen, und mein Triumph wird herrlicher sein, denn der Sieg ist gewiss.

M

sie ... zu versetzen **eigentlich zur Heilung ihrer Nervenkrankheit**

Michael Rohrwasser

Die Figur des Zauberers bei E.T.A. Hoffmann 1992

Jener aus dem Märchen vertraute Zauberer, der mit seinem Zauberstab Elementargeister zu beschwören vermag, tritt auch bei Hoffmann in Erscheinung [...]. Doch taucht in den Jahren der Napoleonischen Kriege noch eine andere Zaubergestalt auf, die ohne Zauberstab wirkt und deren Tun sich vor allem im Heimlichen vollzieht. [...] Es ist eine moderne Form des Zauberers, dem es nicht mehr um Elementargeister zu tun ist, sondern um den Menschen.

Der Sandmann, Zeichnung E.T.A. Hoffmanns (um 1815)

animalischen Magnetismus → Seite 125

Automaten hier: künstlicher Mensch

Diese Zauberer tragen wiederkehrende Züge; noch bevor sie sich als Meister entpuppen, sind sie dem Leser kenntlich geworden, etwa an ihren »buschichten Augenbrauen« oder am »stechenden« oder »durchdringenden Blick«. Im Laufe ihres Auftretens erweisen sie sich als Meister des animalischen Magnetismus oder zeichnen sich durch eine Leidenschaft für den Automaten, die Marionette, aus. Ihre Zauberei ist intrigant und oft vermittelt durch optische Gerätschaften, mit deren Hilfe Blicke gesteuert und Liebeszauber geweckt werden. Dennoch bleibt ihr Tun rätselhaft, genauer: das Motiv ihres Wirkens. Es scheint bei den dunklen, Verderben bringenden Zauberern darin zu liegen, ihr Gegenüber in ihre Gewalt zu bringen, seine Persönlichkeit zu zerstören; aber der Beweggrund dieses Tuns und der Nutzen der Zerstörung bleiben für den Leser wie für das Opfer der Zauberer im Verborgenen. […]

Arbeitsanregungen

1. Was ist für Sie unheimlich? Setzen Sie sich im Gespräch mit ein oder zwei Mitschüler(inne)n mit Franz Fühmanns These auseinander, »Alltagserfahrung und Wiederkehr des Alten« gehöre »unabdingbar zum Wesen des Unheimlichen«. Notieren Sie das Gesprächsergebnis.

2. Nehmen Sie an: Nathanael und Anselmus, der Protagonist von Hoffmanns Erzählung »Erscheinungen« (S. 71–73), sind identisch; Nathanael-Anselmus hat in den Jahren zwischen 1813 und 1815 einen unheimlichen Traum und zu den Traumbildern gehört die Szene der Napoleon-Karikatur (S. 70). Erzählen Sie den Traum.

3. Verfassen Sie in einem Schreibgespräch mit einem(r) Mitschüler(in) den Dialog und Erfahrungsaustausch zwischen dem Arzt und Magnetiseur Alban und dem Advokaten Coppelius; die beiden beziehen sich auf die Ereignisse in »Der Magnetiseur« bzw. »Der Sandmann«. Ausgangs- bzw. Bezugspunkt ist Albans These aus »Der Magnetiseur«: »Alle Existenz ist Kampf und das Vergnügen besteht darin, Macht auszuüben, Sieger zu sein«.

4. Stellen Sie in einer tabellarischen Übersicht dar, worin das Unheimliche in der äußeren Erscheinung und dem Auftreten des Advokaten Coppelius und des Wetterglashändlers Coppola besteht.

5. Hoffmann hat einmal geschrieben, die »echten Gespenstergeschichten« schreibe die Wirklichkeit durch die »Grausamkeit der großen und kleinen Tyrannen«. Erzählen Sie eine solche moderne »Gespenstergeschichte«.

Geisterseher – Dichtung und Wahnsinn

E.T.A. Hoffmann

Der Einsiedler Serapion 1819

*Nach Jahren der Trennung kommen die Dichter-Freunde Theodor, Ottmar, Lothar und Cyprian wieder zusammen, um sich in »gemütlicher« Runde zu erzählen, was sie in der Zwischenzeit erlebt, gelesen und selbst geschrieben haben, und sich darüber angeregt zu unterhalten. Cyprian ist der Erste, der ausführlich ein Erlebnis berichtet. Vor mehreren Jahren stieß er bei einem seiner Spaziergänge in einem dichten Wald auf einen Einsiedler, der von sich behauptete, er sei der Mönch Serapion, der vor Jahrhunderten unter Kaiser Decius »das grausamste Märtyrertum« erlitten und darin den Tod gefunden habe. In Wirklichkeit handelte es sich um den Grafen P** aus M–, früher ein begnadeter Dichter, tätig in diplomatischen Diensten. Cyprian erzählt seinen Freunden:*

Cyprian → Seite 126

unterhalten → Seite 126

Decius römischer Kaiser (249–251)

[…] Aber nun denkt euch meine Albernheit! – Ich hatte nichts Geringeres im Sinn, als Serapions fixe Idee an der Wurzel anzugreifen! – Ich las den Pinel – den Reil – alle mögliche Bücher über den Wahnsinn, die mir nur zur Hand kamen, ich glaubte, mir, dem fremden Psychologen, dem ärztlichen Laien sei es vielleicht vorbehalten in Serapions verfinsterten Geist einen Lichtstrahl zu werfen. […] Ich holte weit aus und sprach sehr gelehrt über die Krankheit der fixen Ideen, die den Menschen zuweilen befalle und nur wie ein einziger Misston den sonst rein gestimmten Organism verderbe. […] Ich kam darauf, dass die Vertauschung des eignen Ichs mit irgendeiner geschichtlichen Person gar häufig als fixe Idee sich im Innern gestalte. […] Ich rief mit starker Stimme: »Graf P**, erwachen Sie aus dem verderblichen Traum, der Sie be-

fixe Idee Wahnvorstellung

Pinel, Reil → Seite 126

strickt, werfen Sie diese gehässigen Kleider ab, geben Sie sich Ihrer Familie, die um Sie trauert, der Welt, die die gerechtesten Ansprüche an Sie macht, wieder!« – Serapion schaute mich an mit finsterm durchbohrenden Blick, dann spielte ein sarkastisches Lächeln um Mund und Wange, und er sprach langsam und ruhig: »[...] Es ist vom Wahnsinn die Rede, leidet einer von uns an dieser bösen Krankheit, so ist das offenbar bei Ihnen der Fall in viel höherem Grade als bei mir. [...] Bin ich nun wirklich wahnsinnig, so kann nur ein Verrückter wähnen, dass er imstande sein werde, mir die fixe Idee, die der Wahnsinn erzeugt hat, auszureden. [...] Bin ich aber nicht wahnsinnig und wirklich der Märtyrer Serapion, so ist es wieder ein törichtes Unternehmen mir das ausreden und mich erst zu der fixen Idee treiben zu wollen, dass ich der Graf P** aus M– und zu Großem berufen sei. [...] Viele haben das auch unglaublich gefunden und gemeint, ich bilde mir nur ein, das vor mir im äußern Leben wirklich sich ereignen zu sehen, was sich nur als Geburt meines Geistes, meiner Fantasie gestalte. Ich halte dies nun für eine der spitzfündigsten Albernheiten, die es geben kann. Ist es nicht der Geist allein, der das, was sich um uns her begibt in Raum und Zeit, zu erfassen vermag? – Ja, was hört, was sieht, was fühlt in uns? – vielleicht die toten Maschinen, die wir Auge – Ohr – Hand etc. nennen, und nicht der Geist? – Gestaltet sich nun etwa der Geist seine in Raum und Zeit bedingte Welt im Innern auf eigne Hand und überlässt jene Funktionen einem andern uns inwohnenden Prinzip? – Wie ungereimt! Ist es nun also der Geist allein, der die Begebenheit vor uns erfasst, so hat sich das auch wirklich begeben, was er dafür anerkennt. – [...] Gehab dich wohl, mein Freund!« Gar nicht vermag ich den Eindruck zu beschreiben, den der Besuch bei dem Unglücklichen auf mich machte. [...]«

sarkastisches beißend-spöttisches

wähnen meinen

Geist
→ Seite 126

Maschinen
→ Seite 127

Phantasmen Trugbilder

Peter von Matt

Phantasmen

1971

Nach Hoffmanns unerschütterlicher Überzeugung ist der lebendige und kreative Geist »eingeschachtet« in die Außenwelt, feindselig und unlösbar verhängt mit der schweren Mechanik der Materie. [...]

statuiertest behauptetest die Existenz

»Du statuiertest keine Außenwelt«, heißt es von ihm [Serapion], und: »Dein Leben war ein steter Traum«. Das will besagen, dass Serapion nicht mehr unterscheiden kann zwischen greifbarer Realität und den Produkten oder vielmehr Projektionen seiner Fantasie. Ohne von der Gestalten bildenden Kraft des eigenen Innern zu wissen, nimmt er deren Schöpfungen als objektives Seiendes, sodass man, den obigen Satz umkehrend, sagen könnte: »Alles ward dir zur Außenwelt«. Nur der reflektierende Beobachter, der den Scharfblick Kreislers besitzt, weiß um das Wesen dieser fundamentalen Täuschung, weiß, dass Serapion einen geschlossenen Projektionskreis um sich herum zieht, innerhalb dessen es keine Diskordanz von Außen und Innen geben kann, weil eben alles von innen kommt. Genau diesen Zustand finden wir nun bei einer

Kreislers → Seite 127

Diskordanz Nicht-Übereinstimmung

Kreisler im Wahnsinn
Zeichnung Hoffmanns (1822)

Hauptklasse Hoffmannscher Protagonisten immer wieder, und zwar sehr vielfältig und verschiedenartig variiert. Sie begegnen alle dem konkretisierten Lichtwurf ihres eigenen kreativen Seelengrunds, aber da sie ihn nicht als solchen erkennen und ihnen auch die Gnade eines milden Wahnsinns fehlt, können ihnen diese Erscheinungen ebenso sehr zu tödlichem Grauen wie zu überirdischer Beseligung gereichen. Je nachdem, meinen sie auf Dämonen oder gute Geister zu stoßen, bedroht oder beschenkt zu werden, aber de facto erleben sie niemals Jenseitiges, weder den Teufel noch den Lieben Gott, sondern nur sich selbst und ihre fantastisch ausgefächerte Innenseite. Dabei sind natürlich Stufen und Metamorphosen der Einsicht möglich. Viele Helden Hoffmanns machen einen eigentlichen Entwicklungsprozess durch; andere werden von ihren Phantasmata nur gestreift oder zeitweilig verwirrt. Am differenziertesten sind die Vorgänge aber stets dort, wo es zugleich um Künstler und künstlerische Tätigkeit geht. [...]

Lichtwurf so viel wie: Projektion

Protagonisten erleben nie Jenseitiges, nur ihre Phantasie

Metamorphosen Wandlungen

Phantasmata Trugbilder

Johann Christian Reil

Fixer Wahnsinn 1803

Der fixe Wahnsinn besteht in einer partiellen Verkehrtheit des Vorstellungsvermögens, die sich auf einen Gegenstand oder auf eine Reihe homogener Gegenstände bezieht, von deren Dasein der Kranke nicht zu überzeugen ist und die daher die Freiheit seines Begehrungsvermögens beschränkt und dasselbe gezwungen, seiner fixen Idee gemäß, bestimmt. Beide Merkmale, fixe Ideen und subjektive Überzeugung, dass der Wahn Wahrheit sei, gehören wesentlich zur Charakteristik dieser Krankheit. [...] Das normale Verhältnis in der Dyna-

homogener gleichartiger

Dynamik Triebkraft, Bewegung

mik der Teile des Seelenorgans ist verstimmt. Einige seiner Fasern sind zu reizbar, wirken hervorstechend, halten den aufgefassten Gegenstand unwandelbar fest, assoziieren sich mit allen, auch heterogenen Erregungen, und erschöpfen die Summe der Kraft so sehr, dass keine andern Handlungen wirklich werden können. Die Fortdauer erzeugt Fertigkeit, nach den Gesetzen der Gewohnheit. Die ungeübten Teile rosten ein. Die Seele ist genötiget, das ihr unablässig aufgedrungne Objekt für Wahrheit zu halten, und in diesem Augenblick ist sie verrückt. [...] Ferner gibt es gewisse Gegenstände, an welche der Mensch sich mit Wärme hängt, weil sie mit seinem Interesse in enger Verbindung stehn, und der Organismus hat die Eigenschaft, dass seine Aktionen um so leichter wiederkehren als sie oft wiederholt sind. [...] Treffen vollends noch mit diesen inneren Zuständen äußere Verhältnisse z.B. Aufenthalt an öden Orten, Einsamkeit, einförmige Arbeit, Klosterleben usw. zusammen, die die Fantasie wenig beschäftigen, so entsteht der fixe Wahn um desto leichter. Dann hat der Mensch einen natürlichen Hang, sich in einem geträumten Zustand zu denken und in Beziehung auf denselben das Bewusstsein seiner wahren Verhältnisse zu verleugnen. Das Kind spielt die Wochenfrau, den Soldaten oder König; wir ergötzen uns an den Fiktionen der Maler, Dichter und Schauspieler, ja es macht uns selbst in den späteren Jahren des Lebens noch glücklich, uns eine Welt in der Fantasie zu schaffen, in welcher wir eine glänzendere Rolle als in der wirklichen spielen. Allein unsere Besonnenheit weist uns bald in unsere natürlichen Verhältnisse zurück. Wenn hingegen dieselbe durch Schwäche des Verstandes, durch eine hervorstechende Stärke der Fantasie, durch eine geschäftslose Einsamkeit, einseitige Anstrengungen der Seele usw. geschwächt wird; so kann dieser Hang zur Träumerei ein Keim des Wahnsinns werden und irgendeine romanhafte Idee fixieren. [...]

assoziieren verbinden
heterogenen andersartigen
Wochenfrau Wöchnerin

Arbeitsanregungen

1. Stellen Sie in einer strukturierten Übersicht in Stichworten den Argumentationsgang der Rede des Einsiedlers dar. Notieren Sie in einer parallelen Spalte, was daran »vernünftig« und was »wahnsinnig« ist.

2. Worin liegt – in wenigen Sätzen zusammengefasst – das Gemeinsame, worin der Unterschied zwischen dem »Wahnsinn« des Einsiedlers und früheren Dichters Serapion und dem des Physikstudenten und Dichters Nathanael?

3. Nehmen Sie an: Johann Christian Reil ist vom Leiter des »Tollhauses« (S. 46, Zeile 20), in das der »wahnsinnige« Nathanael (Z. 5) gebracht worden ist, um ein ärztliches Gutachten gebeten worden. Schreiben Sie dieses Gutachten (Diagnose, Therapievorschlag, Heilungsaussichten); benutzen Sie dabei den Wissensstand des Textes von Reil (S. 81 f.).

4. Um seine Probleme zu erklären, glaubt Nathanael an ein »böses Prinzip«, einen schicksalhaften »Dämon« in der Welt und beruft sich im Streit mit Clara auf »mystische« Lehren. Führen Sie im Plenum eine Pro-und-Kontra-Diskussion durch: »Dunkle Macht oder fixer Wahn? Was führt Nathanael in den Tod?«

5. Setzen Sie sich nach der Lektüre des Textes von Peter von Matt (S. 80 f.) in Gruppen mit der uns doch selbstverständlich erscheinenden Überzeugung auseinander, eine Dichtung sei zwar Produkt der Fantasie, aber dennoch kein Phantasma (Trugbild oder gar Produkt des Wahnsinns). Vergleichen Sie Ihre Gruppenergebnisse im Plenum.

Augen und Perspektive

Wulf Segebrecht

E.T.A. Hoffmann – Schule des Sehens _______ 2003

Die wichtigste Voraussetzung für einen Künstler war für Hoffmann, wie er immer wieder betont hat, »ein Auge, welches wirklich schaut«, ein die äußeren Phänomene kritisch durchdringender Blick, die Fähigkeit, das im Inneren Geschaute zur Anschauung zu bringen. Die Künstlerfiguren in seinen Werken sind daher wesentlich durch ihren Blick, ihre Sichtweise auf die Welt charakterisiert. Auch Hoffmann selbst ist seinen Zeitgenossen wegen seiner Augen merkwürdig gewesen; sein Blick war ebenso berühmt wie gefürchtet. Man fürchtete sich davor, mit seinen Augen gesehen zu werden. Wer ihm begegnet ist und ihn beschrieben hat, sprach von seinen Augen, von seinem »stechenden Blick« […], dem nichts entging und der sich gerade auf das richtete, was nur vordergründig war und äußerlich und durchschnittlich und gemein. Sein Blick war nicht versöhnlich, er war erbarmungslos, nämlich: genau. Er war kritisch, entlarvend, desillusionierend, und er war gerade deshalb produktiv. Sein Blick förderte Dinge zutage, die man gern geheim gehalten hätte oder die man bis dahin überhaupt noch gar nicht wahrgenommen hatte: E.T.A. Hoffmann hat das bis dahin üblicherweise Verschwiegene sichtbar gemacht, die »Nachtseiten« der menschlichen Existenz, die sorgsam gehüteten Abgründe der Seele, die verborgenen Hintergründe hinter den Fassaden des bürgerlichen Lebens. Das ist vielleicht seine größte poetische Leistung, und dieser diagnostische Blick hat an Treffsicherheit bis heute nichts verloren. Darauf beruht die anhaltende Aktualität E.T.A. Hoffmanns, die Faszination, die von seinem Blick nach wie vor ausgeht.

Hält man sich das vor Augen, dann gewinnt das poetische Werk E.T.A. Hoffmanns bei aller Vielfalt eine erstaunliche Kontinuität und Folgerichtigkeit. Es lässt sich nämlich als eine fortgesetzte »Schule des Sehens« lesen, als eine Poetik des Blicks […].

Poetik **Lehre von der Dichtkunst**

E.T.A. Hoffmann

Schauen mit den Augen des Geistes ________ 1819

Woher kommt es denn, dass so manches Dichterwerk, das keinesweges schlecht zu nennen, wenn von Form und Ausarbeitung die Rede, doch so ganz wirkungslos bleibt wie ein verbleichtes Bild, dass wir nicht davon hingerissen werden, dass die Pracht der Worte nur dazu dient, den inneren Frost, der uns durchgleitet, zu vermehren. Woher kommt es anders, als dass der Dichter nicht das wirklich schaute, wovon er spricht, dass die Tat, die Begebenheit, vor seinen geistigen Augen sich darstellend mit aller Lust, mit allem Entsetzen, mit allem Jubel, mit allen Schauern, ihn nicht begeisterte, entzündete, sodass nur die inneren Flammen ausströmen durften in feurigen Worten: Vergebens ist das Mühen des Dichters, uns dahin zu bringen, dass wir daran glauben sollen, woran er selbst nicht glaubt, nicht glauben kann, weil er es nicht erschaute. Was können die Gestalten eines solchen Dichters, der jenem alten Wort zufolge nicht auch wahrhafter Seher ist, anderes sein als trügerische Puppen, mühsam zusammengeleimt aus fremdartigen Stoffen! –

Lexikon der Symbole

Auge 1998

spirituellen geistigen, vielleicht auch religiösen

Auge, das wichtigste Sinnesorgan des Menschen, in der Symbolik immer mit Licht und »geistiger Schaufähigkeit« verbunden, zugleich nach alter Ansicht nicht nur empfangendes Organ, sondern auch selbst »Kraftstrahlen« versendend und Sinnbild der spirituellen Ausdrucksfähigkeit. Böse Wesen oder solche mit großen magischen Kräften sollten Augen besitzen, deren Blick versteinert oder wehrlos macht. In der antiken Sage war dies bei der von Perseus mit Hilfe eines Spiegels getöteten Medusa (Gorgonen) der Fall [...]. Die angebliche Ausstrahlung des »bösen Auges« (ital. malocchio) war das Motiv für die Herstellung zahlloser Amulette. – Symbolkundlich bedeutsamer ist jedoch der positive Ausdruckswert des Auges. In vielen Kulturen wird die Sonne als allsehendes Auge aufgefasst, oder sie wird durch ein Auge symbolisiert, so etwa der jugendliche Sonnengott Ägyptens, Hor (Horus) [...].

In der christlichen Ikonografie ist das Auge – inmitten von Sonnenstrahlen oder im Dreieck mit nach oben weisender Spitze – allbekanntes Symbol der göttlichen Allgegenwart bzw. der Dreifaltigkeit. Auch die höchsten Engelchöre (Cherubim, Seraphim) tragen zum Zeichen ihrer durchdringenden Weisheit Augen auf den Flügeln. Augenleiden wurden vielfach mit religiösem Brauchtum (Augensegen, Spenden von Augen-Votiven) oder mit Augenwaschungen in heiligen Quellen und Brunnen zu bekämpfen gesucht [...]. In der tiefenpsychologischen Symbolik ist das Auge das Organ des Lichtes und der Bewusstheit, denn es erlaubt uns, die Welt wahrzunehmen, und gibt ihr damit Realität.

Michael Rohrwasser

Der Machtkampf um die Augen 1992

Die Erzählung »Der Sandmann« lässt sich als Machtkampf um die Augen und die *Blickführung* lesen. Blicke werden zum Auslöser von Wahnsinn und Mordversuch, Ursache von Trug und Tod. Entscheidend für den Verlauf des Geschehens ist, mit wessen Augen gesehen wird. Eingangs der Erzählung gibt Nathanael im Brief an Lothar seiner Befürchtung Ausdruck, dieser könne ihn für einen »Geisterseher« halten, und dagegen hülfe nur, dass Lothar »selbst schauen« könnte. Ähnliches wünscht sich der Erzähler von seinem Leser, dass der nämlich »mit leibhaftigen Augen« sehen könne. Die Augen der Handelnden sind klassifiziert, was um so mehr ins Gewicht fällt, als die übrige Physiognomie der Protagonisten – mit Ausnahme der von Clara und Coppola/Coppelius – ausgeblendet bleibt: »stechende« und »funkelnde« Augen bei den Väterpaaren, leblose Augen bei Olimpia, »die hellen« und »strahlenden« Augen und das Auge als See, in dem sich das Leben spiegelt, bei Clara. Projektionsflächen bei den Letzteren, aktive Organe bei Ersteren. Dem neugierigen Kind sollen die Augen geraubt werden; in der frühen Fassung bringt Coppelius, dessen Name an »coppo« (ital. Augenhöhle) erinnert, Nathanaels Schwester zum Erblinden und treibt sie damit in den Tod. Nathanael ist nicht Herr seiner eigenen Augen. […]

Physiognomie **äußere Erscheinung, besonders der Gesichtsausdruck**

Der Angriff auf Nathanaels Augen klingt schon im Titel an: Der Sandmann »streut Sand in die Augen« – auch für den damaligen Leser ein Bild, das von Täuschung und List spricht. Das Bild vom Feuer der Liebe, das sich in Nathanael entzündet, als er durch Coppolas Glas schaut, entspricht dem Bild von der Linse, die Strahlen bündelt und Feuer zu entfachen vermag. Der Fokus sei das Göttliche, erklärt (im »Magnetiseur«) der Zauberer Alban seinem Schüler; die Strahlen aus dem Innern seines Opfers versuche er »wie in einem Brennspiegel aufzufangen«. Das Fernrohr verheißt Nathanael gesteigerte Sehkraft. Er sieht durch das Glas Coppolas Dinge, die er so »rein« und »scharf« zuvor nicht gesehen, vor allem aber beleben sich die toten Augen Olimpias, und Liebe entflammt in seinem Innern. […]

Zentralperspektive Darstellung von Gegenständen von einem Mittelpunkt aus

Der falsche Blick, vermittelt auch durch optisches Gerät, ist der mechanisierte, der Blick der Zentralperspektive; das eine Auge geschlossen, wird das andere scharf auf ein Einzelnes gerichtet, um dieses vollständig zu erfassen. Der Beobachter will seine Wahrnehmung strukturieren und stellt sich außerhalb des Bildes, aber die ordnende Wahrnehmung misslingt.

Kontext hier: Blick auf die Umgebung

Ambivalenz Zwiespältigkeit

[…] Die Erzählung endigt mit dem Aufstieg Nathanaels und Claras auf den »hohen Ratsturm«, um von dort aus ins ferne Gebirge zu schauen. […] Nathanael greift […] »mechanisch« zum Perspektiv und verliert über die Perspektive den Kontext, nicht zuletzt, weil er statt in die Ferne in die Nähe schaut. Das gebräuchliche Perspektiv zu Hoffmanns Zeiten spiegelte das Bild seitenverkehrt und bot nur im Zentrum des Blickes ein scharfes Bild, während die Ränder verschwammen; vor allem galt es, die Entfernung zum Objekt einzustellen. Was Nathanael sieht und was er zu sehen glaubt, wird vom Text nicht zweifelsfrei beantwortet. Nahe liegend ist, dass es nur ein inneres Bild ist, das er für eine Wahrnehmung von außen hält. […] Im Motivkomplex von Auge und optischem Gerät hat Hoffmann die Ambivalenz zwischen Aufklärung und Gegenaufklärung gebündelt: Licht wird gesammelt und fokussiert, der Blick wird verschärft und das Objekt beleuchtet, zugleich werden die Beobachter zu Opfern böser Blicke und optischer Täuschungen, der Sehende wird geblendet, das Geschaute wird verzerrt. […]

Gerhard Neumann

Sehen als Konflikt zwischen Bewusstsein und Unbewusstem 2001

Entscheidend für die erzählte Handlung in der »Sandmann«-Novelle bleibt […], dass Nathanael diese Erinnerungen [an die Kindheit] nur darum erzählt, ja dass sie ihm nur darum überhaupt wieder ins Gedächtnis kommen, weil eine furchtbare Begegnung – das eigentlich unerhörte Ereignis der Novelle – sie in ihm geweckt hat. […]

Damit erweist sich das unerhörte Ereignis der Hoffmannschen Novelle […] als eine Anagnorisis, eine schicksalhafte Wiedererkennung, buchstäblich als eine »Erkennungs-Szene« […] in doppelter Beleuchtung: als ein déja vu einerseits, […] als ein Trauma andererseits, in dem ein Verdrängtes in entstellter Form sich im Gegenwärtigen schreckensvoll ankündigt, ohne wahre Gestalt zu gewinnen. Es ist dieses Zwielicht, das auf dem Ereignis des »Wiedererkennens« ruht, welches die Selbstsicherheit des Physikstudenten Nathanael in sich zusammenstürzen lässt: aus dem Erlebnis des Unerhörten, das sich als Unheimliches präsentiert und dessen Realitätsgehalt auf dem Spiele steht – einem fatalen Bewahrheitungsspiel, das auf Tod oder Leben hinausläuft. So erweist sich Nathanaels Wiedererkennen des »Sandmanns« als ein Wahrnehmungsereignis, das als in sich gespalten erfahren wird: ein unheilbares Auseinanderklaffen von Sichtbarem und Unsichtbarem, von Bewusstsein und Unbewusstem. […]

Anagnorisis griech. »Wiedererkennung«
déja vu was man schon einmal erlebt zu haben glaubt
Trauma seelische Erschütterung

Die […] Krise, die aus der Gefährdung der Grenzen des Subjekts in einer transzendenzlosen Welt erwächst, manifestiert sich […] in Hoffmanns Erzählung am deutlichsten in der Erschütterung jenes Wahrnehmungsmodells, das zum Inbegriff der Aufklärung geworden war: der Vorstellung vom zielgerichteten Blick der optisch-technischen Medien und von

transzendenzlosen Welt
→ Seite 127

der zentralperspektivischen Aufhellung, wie Descartes sie in seinen Studien zur Optik begründet hat […]. Denn der »Sandmann« ist eine Erzählung über das Sehen, über das Auge als Organ der Wahrnehmung der Menschen und der Welt; zugleich aber eine Erzählung über die Medien, die solche Wahrnehmung schärfen und fokussieren. Dabei leitet Hoffmanns Novelle diese Erfahrung nicht mehr aus der Vernunftgeschichte der Aufklärung ab, also aus der begrifflichen Sprache und dem präzise perspektivierten Blick, sondern aus dem Wahrnehmungs-Schock der gestörten Kindheit und der an diesem Schock scheiternden Sozialisation des Kindes […].

Sozialisation Hineinwachsen in die Gesellschaft

Ledoux Claude-Nicolas Ledoux (1736–1806)

Polyfokalisierung Orientierung an mehreren Brennpunkten

War das Auge für die Aufklärung – man denke an die berühmte Darstellung des Theatersaals von Besançon durch den Revolutionsmaler Ledoux im »Auge der Vernunft« – das Emblem der vernünftigen Ordnung der Welt schlechthin, so wird in Hoffmanns Erzählung der Augensinn – gerade durch die ihm beigesellten technischen Medien der Scharfsichtigkeit, die durch Polyfokalisierung ja die Perspektive zugleich verwirren – einem grässlichen Prozess der Verformung und der Blendung unterworfen, des Schmerzes, der Verwirrung, des Feuerwirbels und der Dunkelheit; des Augenschließens, der Ohnmachten und des Schwindens der Sinne, von denen der Held regelmäßig befallen wird. […] So verdichtet sich […] ein paradoxes – das aufgeklärte Wahrnehmen widerrufendes – Sehen als Entstellen, das von Hoffmann geradezu planmäßig in Szene gesetzt wird. […]

paradoxes widersinniges

Verwindung unlösbaren Verknüpfung

Aus der unberechenbaren und zuletzt undarstellbaren Verwindung von Bewusstsein und Unbewusstem – durch die unheimliche Wiederkehr des Verdrängten – und aus der parallel geführten Verwindung von Schärfung und gleichzeitiger Trübung des Blicks auf die Welt – durch die optischen Geräte – erscheint das Jetzt des Helden fortgesetzt und auf zerstörerische Weise an das Damals geknüpft; die Oberfläche seines Erlebens an die bedrohliche und zerstörerische Tiefe gebunden. Damit stürzt Hoffmanns »Sandmann« die Vorstellung von der aufklärerischen Wahrnehmung der Welt definitiv um; und zwar aus der Einsicht, dass menschliches Erkennen, durch die Wahrnehmung mit dem Auge ausgelöst, nicht dem Bewusstsein allein korreliert ist, sondern vielmehr aus dem Konflikt zwischen Bewusstsein und Unbewusstem erwächst. […]

Ordnung der inneren Welt durch das Bewusstsein, Ordnung der äußeren Welt durch das fokussierende Auge: Dies sind die korrelativ gedachten Paradigmen, deren eben erst durch die europäische Aufklärung befestigte Geltung Hoffmanns Novelle nachhaltig in Frage stellt; ja deren Geltung sie kategorisch widerruft.

fokussierende **in einem Brennpunkt bündelnde**
korrelativ gedachten Paradigmen **→ Seite 127**
kategorisch **mit unbedingtem Anspruch**

M

Arbeitsanregungen

1. Diskutieren Sie in Gruppen die Frage, mit welchem Recht auch Hoffmanns Erzählung »Der Sandmann« als eine »Schule des Sehens« bezeichnet werden kann, wie Segebrecht (S. 84 f.) sie charakterisiert.

2. In dem Textauszug aus den »Serapionsbrüdern« auf S. 85 und in den Überlegungen des Erzählers/«Autors« im Rahmen der Erzählung (S. 24–26) entfaltet Hoffmann seine »Poetik«, darin auch seine Überlegungen zum Verhältnis von Autor und Leser. Schreiben Sie als Leser(in) einen fiktiven Brief an den Autor, in dem Sie sich mit dieser leserbezogenen »Poetik« auseinander setzen. Wählen Sie als Beispiel *Ihr* »inneres Bild« des Nathanael.

3. Dreiundfünfzig Mal kommt im »Sandmann« das Wort »Auge/Augen« vor, sechs Mal »Oke«. Wie werden die Augen der verschiedenen Personen charakterisiert? Erstellen Sie eine gegliederte Übersicht und deuten Sie die Ergebnisse.

4. Bestimmen Sie die einzelnen Szenen des »Machtkampfes um die Augen« im Verlauf der Handlung. Entwerfen Sie in Gruppen eine Abfolge von Standbildern, die jeweils den entscheidenden Moment der Szene erfassen. Bringen Sie im Plenum die in den Gruppen erarbeiteten Standbilder zur Darstellung und besprechen Sie jeweils, wie der »Augen-Machtkampf« im Spiel gedeutet worden ist.

5. Fassen Sie den Text von Neumann (S. 89–91) schriftlich zusammen und tauschen Sie mit einem(r) Mitschüler(in) aus, inwiefern Sie Neumanns Interpretation überzeugt.

Ovid

Pygmalion

etwa. 1–8 n. Chr.

Pygmalion bearbeitete mit glücklicher Hand und wundersamer Geschicklichkeit schneeweißes Elfenbein, gab ihm eine Gestalt, wie keine Frau auf Erden sie haben kann, und verliebte sich in sein eigenes Geschöpf. Es sieht aus wie ein wirkliches Mädchen! [...] Pygmalion steht bewundernd davor, und gierig trinkt seine Brust das Feuer in sich hinein, das von dem Scheinbild ausgeht. Oft legt er prüfend die Hände an das Geschöpf, ob es Fleisch und Blut sei oder Elfenbein, und will immer noch nicht wahrhaben, dass es nur Elfenbein ist. Küsse gibt er und glaubt sie erwidert; er redet mit dem Bild, er hält es im Arm. [...] Bald schmeichelt er, bald bringt er Gaben, wie sie ein Mädchenherz erfreuen [...]. Er schmückt ihr die Glieder mit Gewändern, die Finger mit Edelsteinen, den Hals mit langen Ketten. Am Ohr hängt eine zierliche Perle, an der Brust ein Geschmeide. Alles steht ihr, aber auch nackt erscheint sie nicht weniger schön. [...]

Der Feiertag der Venus, den ganz Cypern festlich begeht, war gekommen. [...] Da trat Pygmalion, nachdem er der heiligen Pflicht genügt hatte, zum Altar und sprach zaghaft: »Ihr Götter, könnt ihr alles gewähren, so soll meine Gattin« – er wagte nicht zu sagen: »das elfenbeinerne Mädchen sein«; darum sprach er nur: »dem Mädchen aus Elfenbein gleichen!« Venus, die Goldene, erriet – war sie doch selbst bei ihrem Fest zugegen –, was mit diesem Wunsch gemeint war. Und zum Zeichen, dass die Gottheit ihm hold sei, stieg dreimal die Flamme züngelnd in die Luft empor.

Als er nach Hause kam, zog es ihn zu seinem Mädchenbild. Er warf sich auf das Lager und küsste sie. Da war ihm, als sei

sie warm. Wieder legt er Mund an Mund und tastet mit der Hand nach der Brust. Er tastet noch, da wird das Elfenbein weich, verliert seine Starrheit, weicht zurück und gibt den Fingern nach […]. Pygmalion staunt. Er traut seiner Freude noch nicht und fürchtet, er täusche sich. Wieder und wieder prüft der Liebende mit der Hand sein Wunschbild. Fleisch und Blut ist's; mit dem Daumen prüft er, wie es in den Adern pocht. Da dankt der Held von Paphos der Venus mit Worten, die aus vollstem Herzen strömen, und presst den Mund endlich auf wirkliche Lippen.
Das Mädchen hat den Kuss empfunden, sie ist errötet! Jetzt hebt sie scheu zu seinem Auge ihr Auge empor – und zugleich mit dem Himmel erblickt sie den Mann, der sie liebt. Der Ehe, die sie gestiftet, steht die Göttin bei. Schon haben sich die Hörner des Mondes neunmal zur vollen Scheibe gerundet, da gebiert sie Paphos, nach der die Insel benannt ist.

Louis-Jean-François Lagrenée: Pygmalion und Galatea (1781)

Julien Offray de La Mettrie

Der Mensch – eine Maschine 1748

La Mettrie
→ Seite 127

Betrachten wir jetzt einmal diese Triebfedern der menschlichen Maschine etwas genauer. Durch ihre Tätigkeit entstehen alle vitalen, animalischen, natürlichen und automatischen Bewegungen. Der Körper fährt beim Erschrecken über den unerwarteten Anblick des Abgrunds maschinenmäßig zurück. Die Augenlider schließen sich, wie man sagt, wenn ihnen ein Schlag droht. Am hellen Tageslicht verengt sich die Pupille, um die Retina zu schonen, und sie erweitert sich, damit man die Gegenstände im Dunkeln sehen kann. Die Poren der Haut schließen sich im Winter maschinenmäßig, um die Kälte nicht in das Innere der Gefäße eindringen zu lassen. Der Magen erhebt sich, vom Gift gereizt, bei einer gewissen Menge Opium und bei allen Brechmitteln usw. Das Herz, die Arterien und die Muskeln ziehen sich während des Schlafes ebenso zusammen wie im Wachen. Die Lunge tut ihren Dienst wie ein beständig neu aufgetriebener Blasebalg. Alle Schließmuskeln der Blase und des Mastdarms usw. funktionieren maschinenmäßig.

Retina
Netzhaut

J. G. und F. Kaufmann: Trompeter (1808–1810)

Rudolf Drux

Der Mythos vom künstlichen Menschen _____ 1999

Das hohe Niveau des Uhrmacherhandwerks im 17. und 18. Jahrhundert machte es zwar überhaupt erst möglich, die Androiden derart zu perfektionieren, dass sie Tätigkeiten, die normalerweise dem Menschen vorbehalten sind, Schreiben zum Beispiel und Musizieren, auszuüben vermochten. Ihre enorme Wertschätzung hing jedoch mit der umfassenden Bedeutung der Mechanik zusammen, die damals alle Felder theoretischen und praktischen Wissens durchdrang: Der Staat, die Natur und damit auch der Mensch, jedenfalls sein Körper, seien, so die Ansicht aufgeklärter Philosophen, mechanische Systeme, die ausschließlich den Gesetzen der Physik gehorchten. Da der französische Arzt und Anatom Julien Offray de La Mettrie davon ausging, dass der Mensch seinem Wesen nach eine Maschine sei, wie der Titel seiner 1748 erschienenen Abhandlung »L'homme machine« belegt, konnte er an Jacques de Vaucansons spektakulären Androiden Funktionen des Menschen erklären. Besonders dessen Flötenspieler, der Lippen und Finger naturgetreu zu bewegen und zwölf Stücke zu spielen vermochte (für die Echtheit der Nachahmung wie für die Klarheit der Bauanleitung wurde der Konstrukteur 1738 von der Königlichen Akademie der Wissenschaften zu Paris ausgezeichnet), hatte es La Mettrie angetan, zeige er doch, dass J. de Vaucanson, wenn »er noch mehr Kunst anwenden« würde, sogar in der Lage sei, als sein Meisterstück »einen ›Sprecher‹ herzustellen«, das heißt einen Androiden, der über die dem Menschen eigentümliche Sprachfähigkeit verfügt. Deshalb zögerte La Mettrie nicht, dem genialen Ingenieur den Ehrentitel eines »neuen Prometheus« zuzuerkennen.

de Vaucansons → Seite 127
Androiden künstliche Menschen
Flötenspieler → Seite 127
Prometheus → Seite 127

Eberhard Hilscher

Menschmaschinen — 1992

Noch immer wirkt es faszinierend, wenn auf Kirch- oder Rathaustürmen automatische Figuren paradieren und musizieren oder wenn in Kuriositäten-Kabinetten Uhrwerke schnurren, ein hammerschwingender Saturn die Stundenglocke schlägt und Posaunisten blecherne Melodien »orgeln«. Das Begehren nach der Belebung des Unbelebten ist uralt. Schon aus der Antike gibt es mythologisch-sagenhafte Kunde von selbstbewegten trabenden Wächtern, weissagenden Götterstatuen und mechanisch singenden Vögeln. [...] Es folgten literarische Fantasien um Homunculi und Golems, bis es im 18. Jahrhundert erstmals gelang, mittels Walzen- und Blechscheiben-Programmierung klingende menschenähnliche Gestalten zu konstruieren.

Homunculi und Golems
→ Seite 128

Früh interessierte sich E.T.A. Hoffmann dafür. Bereits in seiner Königsberger Zeit besichtigte er eine Automatensammlung im Danziger Zeughaus. 1803 erhielt er bei der Lektüre des von Johann Christian Wiegleb bearbeiteten Buches über »Natürliche Magie« von J. N. Martius Informationen über Wolfgang von Kempelens »Schach spielenden« Türken, und er wusste auch von den sensationellen Imitier-«Maschinen« des französischen Mechanikers Jacques de Vaucanson (vor allem einem hölzernen Flötenspieler und einer schnatternden, fressenden, angeblich kotenden Ente) und von einem springenden »Voltigeur« des Berliner Akademie-Professors Johann Carl Enslen. Schließlich sah der Dichter im Oktober 1813 in Dresden Androiden von Johann Gottfried Kaufmann (Trompeter, Klavierspieler). Ein Vierteljahr später schrieb Hoffmann die serapiontische Geschichte »Die Automate«.

Voltigeur
hier: Turner

serapiontische
→ Seite 128

Darin erzählte er vom Besuch zweier »akademischer Freunde« in einer Ausstellung mit einem »redende[n] Tür-

nekromantischen durch Totenbeschwörung erschienenen

ken«, der vom Kunstmeister knarrend aufgezogen, als »wunderliche[r] Räderbau« demonstriert wird und dennoch zu verblüffend beseelten Orakelsprüchen gelangt. Der schöngeistige Ferdinand verhält sich skeptisch; man vermutet Bauchrednerei und spiritistischen Hokuspokus. Als er sich trotzdem zu einer diskreten Testfrage entschließt, gerät er durch die »bis ins Schmerzhafte« treffende Antwort des nekromantischen Monstrums in Verwirrung. Im vertraulichen Gespräch berichtet er dem musikalischen Kameraden Ludwig vom früheren Zusammentreffen mit einer Sängerin und »Geliebte[n] meiner Seele«, einem verborgenen Miniaturporträt und dem »treu bewahrte[n] Geheimnis einer fantastischen Liebe«. All das habe die »fremde grauenvolle Macht« des Automaten nun durchschaut und schonungslos »verraten«. Offenbar könne jener in die »Tiefe des Gemüts« vordringen, ins »Innerste« eingreifen und »mit magischer Gewalt unsre geheimsten Gedanken beherrschen«.

Das bleibt den Freunden unerklärlich. [...] Am Ende erfahren wir, dass der hellseherische »Spruch des Türken (...) erfüllt« wurde, aber nichts über die Ursachen der unheimlichen androiden Befähigung und Voraussicht. Bezeichnend für Hoffmann, der lediglich die »Fantasie des Lesers« anrucken und »fortschwingen« lassen wollte. [...]

E.T.A. Hoffmann

Die Automate 1814

Der Text von Eberhard Hilscher (S. 97f.) gibt einen Überblick über die Handlung der Hoffmannschen Erzählung »Die Automate«. Im Gespräch der beiden Freunde versucht Ludwig, Ferdinands Erfahrung mit dem Automaten zu deuten:

»Wie, wenn es dem antwortenden Wesen [dem »redenden Türken«, dem Automaten] möglich wäre, sich durch uns unbekannte Mittel einen psychischen Einfluss auf uns zu verschaffen, ja sich mit uns in einen solchen geistigen Rapport zu setzen, dass es unsere Gemütsstimmung, ja unser ganzes inneres Wesen in sich auffasst und so, wenn auch nicht das in uns ruhende Geheimnis deutlich ausspricht, doch wie in einer Ekstase, die eben der Rapport mit dem fremden geistigen Prinzip erzeugte, die Andeutungen alles dessen, was in unserer eigenen Brust ruht, wie es hell erleuchtet dem Auge des Geistes offenbar wird, hervorruft. Es ist die psychische Macht, die die Saiten in unserm Innern, welche sonst nur

Rapport Wechselbeziehung

Der Schachautomat des Barons von Kempelen

durcheinander rauschten, anschlägt, dass sie vibrieren und ertönen und wir den reinen Akkord deutlich vernehmen; so sind wir aber es selbst, die wir uns die Antworten erteilen, indem wir die innere Stimme, durch ein fremdes geistiges Prinzip geweckt, außer uns verständlicher vernehmen und verworrene Ahndungen, in Form und Weise des Gedankens festgebannt, nun zu deutlichen Sprüchen werden, […] unerachtet die Stimme, welche uns fremdes Wissen zuzuführen scheint, doch nur aus unserm eignen Innern kommt und sich in verständlichen Worten ausspricht. […]

Vor diesem Erlebnis hat der gleiche Ludwig eine völlig andere Meinung über solche Automaten kundgetan:

»Mir sind […] solche Figuren, die dem Menschen nicht sowohl nachgebildet sind, als das Menschliche nachäffen, diese wahren Standbilder eines lebendigen Todes oder eines toten Lebens, im höchsten Grade zuwider. Schon in früher Jugend lief ich weinend davon, als man mich in ein Wachsfigurenkabinett führte, und noch kann ich kein solches Kabinett betreten, ohne von einem unheimlichen grauenhaften Gefühl ergriffen zu werden. Mit Macbeths Worten möchte ich rufen ›Was starrst du mich an mit Augen ohne Sehkraft?‹, wenn ich die stieren, toten, gläsernen Blicke all der Potentaten, berühmten Helden und Mörder und Spitzbuben auf mich gerichtet sehe […]. Vollends sind mir die durch die Mechanik nachgeahmten menschlichen Bewegungen toter Figuren sehr fatal […]. Ich kann mir es denken, dass es möglich sein müsste, Figuren vermöge eines im Innern verborgenen Getriebes gar künstlich und behände tanzen zu lassen, auch müssten diese mit Menschen gemeinschaftlich einen Tanz aufführen und sich in allerlei Touren wenden und drehen, sodass der lebendige Tänzer die tote hölzerne Tänzerin fasste und sich mit ihr schwenkte, würdest du den Anblick ohne inneres Grauen eine Minute lang ertragen? […]«

Macbeths des Titelhelden in Shakespeares Drama »Macbeth«

Potentaten Machthaber

fatal hier: peinlich, unangenehm

Helmut Mayer

Olimpias Nachfahren 2003

»Ach – Ach – Ach!«, sagt der Automat Olimpia. Mehr nicht. Aber das genügt ja dem unglücklichen Imaginationskünstler Nathanael in E.T.A. Hoffmanns Erzählung, um sein Spiel der Projektionen zu entfalten. Es endet für ihn schlimm. Doch auch die bessere Gesellschaft bleibt von der Geschichte mit dem Automaten nicht ganz unbeeindruckt, schleicht sich doch »in der Tat abscheuliches Misstrauen gegen menschliche Figuren« ein. Weshalb bei den Konversationen der Teegesellschaften nun auf Indizien dafür geachtet wird, dass das »Sprechen wirklich ein Denken und Empfinden voraussetze«. Dass zu diesen Indizien nicht zuletzt Gähnen und Niesen zählen – die im mechanischen Repertoire des gesellschaftsfähigen Automaten nicht vorkommen –, spitzt die satirische Pointe zu.

Nimmt man Olimpia noch ein wenig ernster, als es die satirische Absicht unmittelbar nahe legen mag, ist ein Moment der Irritation und Faszination berührt, das noch bis zum jüngsten Cyborg seine Wirkung entfaltet: Sie drohen mit der Einsicht, dass sich nicht wenig dessen, was wir für unser Eigenstes halten, vielleicht zuletzt auf »blinde« Mechanik reduzieren lässt. Jenseits allen Denkens. […] Ohne eine vor sich hinrechnende Zentralinstanz, sondern mit parallel arbeitenden, bottom-up organisierten Steuerungselementen. Und wie raffiniert diese Elemente auch oft entworfen sind: Die neuen Androiden führen doch recht schön vor Augen, dass es vor allem auf vertraute leibhafte Verhaltensmuster und Oberflächen ankommt. Selbst wenn wir uns darauf festlegen wollten, dass diese Maschinen nie denken oder empfinden werden – sie könnten uns trotzdem seltsam vertraut werden.

Olimpia hat also immer noch Nachfahren.

Cyborg
→ Seite 128

Zentralinstanz
→ Seite 128
bottom-up organisierten
→ Seite 128

M

Stefanie Friedhoff

Eine Puppe mit Innenleben 2000

Zwischen rosa Pappwänden drängeln sich Sofa und Etagenbett, Computer und Stofftiere. Alles Staffage. Wer in diese Kinderzimmer-Attrappe der Firma »iRobot« in Cambridge, Massachussetts, eingelassen wird, will etwas ganz anderes sehen: »My Real Baby«. Eine simple Puppe mit Glubschaugen und Babylächeln. Ein Gummigesicht, das lacht oder weint, je nach Laune. Ein Plastik-Baby, das kichert, wenn es gekitzelt wird, und mault, wenn seine Puppenmutter es durch die Luft schwingt. Ein Spielzeug, das Gefühle hat, 16 verschiedene emotionale Zustände, um genau zu sein. Und der erste Roboter, der in großen Stückzahlen die Haushalte erreicht. Jonathan Klein, Chef der Gruppe Interaktives Spielzeug bei »iRobot«, wittert Skepsis. Journalisten im Labor, das ist kompliziert. »Kinder denken nicht so viel, die spielen einfach«, sagt der Computerwissenschaftler, Musiker und Pädagoge. »Schließlich geht es hier um Emotionen.« Unbeirrbare Emotionen von Kindern [...]. Lukrative Emotionen.

lukrative einträgliche

»Hier, nehmen Sie sie mal.« Jonathan Klein will die Skepsis überspielen und reicht seine Puppe heran. Sie kichert plötzlich, unter der Gesichtshaut surrt es leise, aber unüberhörbar. »Grrmmnl!« Das Baby fordert Liebe, wenigstens etwas Zuwendung. Kaum wird es an den Füßen gekitzelt, folgt Lachen, dann freudiges Jauchzen, dann Nach-Luft-Schnappen. Die Wandlung der Mimik ist faszinierend, die Hardware dahinter jedoch simpel: zwei 8-bit Prozessoren, 11 Sensoren, ein Motor, Mikrofon und Lautsprecher, zwei Batterien.

[...] Der Trick sitzt überwiegend in der Software. Es ist ein System namens »natural response technology«, das »My Real Baby« fühlen, Gefühltes verarbeiten und auf ihre Weise reagieren lässt. »Die Sensoren sind über den ganzen Körper verteilt«, erklärt Klein. »Von ihnen geht das Signal in ein kleines künstliches Gehirn, das auf einem Chip im Kern der Puppe sitzt.«

Das »Gehirn« empfängt so permanent Signale und versteht beispielsweise, ob das Baby auf dem Kopf steht oder geschaukelt wird, ob man es streichelt oder schlägt. Es ist programmiert, im Wesentlichen so zu reagieren, wie es ein menschliches Baby täte – mit persönlichem Spielraum, wohlgemerkt. »Sie macht manchmal Dinge, die ich selbst noch nie zuvor gesehen habe«, sagt Klein. Eine Puppe, die von einem schüchternen Mädchen umsorgt wird, reagiert daher nach einiger Zeit anders als ein Exemplar, dessen Besitzerin sie wild herumschleudert. [...]

permanent ständig

Hinter »My Real Baby« steckt gleichwohl mehr als eine gut programmierte Illusion. Wenige Kilometer entfernt von »iRobot«, in den Labors des »Massachussetts Institute of Technology« (MIT), steht der große Bruder der kleinen Puppe: Roboter »Cog«, der derzeit wohl am meisten fortgeschrittene Vertreter Künstlicher Intelligenz (KI). Geistiger Vater beider Maschinen ist Rodney Brooks, Leiter des KI-Labors am MIT und Mitbegründer von »iRobot«. Er vertritt eine These, die andere KI-Forscher für blasphemisch, bestenfalls für naiv halten: Intelligenz sei mitnichten eine abstrakte, ganzheitliche Gabe; sondern die Summe scheinbar unbedeutender Lebenserfahrungen. Sollen Roboter klug werden, so Brooks, müssen sie einen Körper und Sinne haben, um ihre Umwelt wahrzunehmen, und aus ihren Erfahrungen lernen können, genau wie kleine Kinder es tun.

blasphemisch eigentlich: gotteslästerlich

Diese These setzt Brooks seit Jahren in Roboter um. »Cog« etwa kann inzwischen seine Arme und den Kopf spüren und bewegen, Gegenstände ebenso erkennen wie manchen Gesichtsausdruck, zum Beispiel Freude oder Wut. Das ist zwar noch weit unter dem Niveau eines Hamsters, doch erstaunlicherweise beginnt »Cog« Eigenleben zu entwickeln: Immer öfter zeigt er Reaktionen, die nicht programmiert sind. Sie entstehen aus den Sinneswahrnehmungen seiner Sensoren und seinem bisher gespeicherten Wissen. [...]

[...] Die MIT-Soziologin Sherry Turkle vermutet [...]: »Kinder sprechen schon jetzt einem ›Furby‹ ›so etwas wie Leben‹ oder ›fast Leben‹ zu. [...] Je komplexer Puppen in Zukunft auf Kinder reagieren, desto mehr verschwimmt die klare Trennung zwischen tot und lebendig, zwischen Organischem und Materiellem.« Die nächste Generation wird die Roboter der Zukunft kaum mehr bemerkenswert finden.

Zumindest für einen Menschen trifft das schon heute zu: Jonathan Klein. Er nimmt sein plapperndes Produkt zurück, drückt es an sich und sagt freudig: »Wenn sie spricht, wirkt sie besonders lebendig, nicht wahr?« Kunststück: »My Real Baby« ist nicht nur im technischen Sinn Kleins Baby, sie hat auch die Stimme seiner zweijährigen Tochter Hannah.

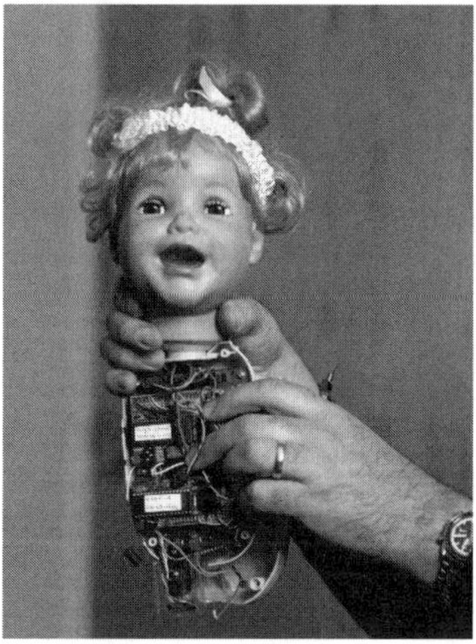

Roboter-Puppe
»My Real Baby«

Arbeitsanregungen

M

1. Beschreiben Sie genau die einzelnen Phasen der Entstehung und Belebung von Pygmalions Statue und vergleichen Sie damit die Phasen der Entstehung und Belebung der Olimpia. Wodurch gelingt im antiken Mythos die Erschaffung eines künstlichen Menschen, woran scheitert sie im »Sandmann«?

2. Nehmen Sie an: Ludwig, der eine der beiden Freunde in »Die Automate«, ist zu seinem ursprünglichen, den Automaten gegenüber ablehnenden Standpunkt zurückgekehrt (S. 100, Z. 13 ff.), während Ferdinand von einem »geistigen Rapport« zwischen Mensch und Maschine ausgeht (S. 99, Z. 9 ff.). Die beiden diskutieren mit Johann Gottfried Kaufmann, dem »Vater« des Trompeter-Automaten (S. 95), der den Standpunkt La Mettries vertritt, und zwar über den »Fall Olimpia«. Schreiben Sie den Dialog zwischen Ludwig, Ferdinand und Kaufmann (Schreibdialog zu dritt).

3. Wie kommt es dazu, dass Nathanael ausgerechnet Clara als »lebloses verdammtes Automat« bezeichnet? Tauschen Sie sich darüber aus, ob er mit seinem Vorwurf Recht hat.

4. »Roboter, Androiden, Cyborgs, Real Babies – wird es uns allen künftig wie Nathanael ergehen?« Führen Sie zu dieser Fragestellung eine Pro-und-Kontra-Diskussion durch.

5. »Ein Journalist im Labor«: Ein(e) Journalist(in) wie Stefanie Friedhoff recherchiert in einem KI-Labor. Erzählen Sie die »Sandmann«-Geschichte, die sie oder er dort erlebt.

Wirkung

Peter Härtling

Hoffmann oder Die vielfältige Liebe. Eine Romanze

2001

Bamberg. Seit 1808 ist Hoffmann in der Stadt, ursprünglich als Kapellmeister, jetzt nur noch als Direktionsgehilfe am Theater, Hauskomponist, Kulissenmaler. Außerdem ist er Musik- und Gesangslehrer von jungen Damen. Mittlerweile hat er Eingang in die Bamberger Gesellschaft gefunden. Man weiß sein Erzähltalent zu schätzen, auch an dem Abend, als er von seiner angeblichen Reise nach Italien fabuliert:

fabuliert **fantasievoll erzählt**

[…] Giulietta […] drängte sich an mich, sang. Mir erschien es, als besetzte ihre Stimme meinen Körper, als würde ich zum Resonanzraum ihres Gesanges. Mir schwindelte. Ich versuchte mich aufzurichten. Wir küssten uns, und ihre Stimme tönte allein in mir weiter. Ehe ich ihr vollends verfiel, kehrte Dapertutto [ihr Liebhaber] zurück, lautlos wie stets, nannte Giulietta eine gewissenlose Hure. […]

In meinen Armen wurde sie kalt. Was sie nun sang, erschütterte mich: Eine Canzone, vollkommener als alle Arien, Lieder, die ich von ihr gehört hatte, und Dapertutto […] zerrte mich zu einem Vorhang, den er zur Seite riss: Wir sahen uns beide in einem wandhohen Spiegel, beinahe Doppelgänger, schwarz gekleidet, hohlwangig, dürr, Dapertutto dem Tode um einen halben Schritt näher als ich, und im tiefen Hintergrund Giulietta in flammendem Rot oder als verglühender Akt. […] Dapertutto wendete sich mir im Spiegel zu. Ich fühl-

Canzone **volkstümliches Lied**

te mich aufgefordert, das gleiche zu tun. Er hielt in seinen Händen einen kinderkopfgroßen Kristall, ein enormes Blend- und Glitzerstück. Schauen Sie hinein, befahl er auf deutsch, schauen Sie hinein, und, als habe sie auf dieses Stichwort gewartet, schickte Giulietta ihre Stimme aus: Sfavilla, diamante, sfavilla. War es die Stimme, die mich hypnotisierte, war es das Funkeln des Steins? Fragen Sie mich nicht. Ich vergaß mich. […] Ich war aus dem Spiegel verschwunden. Mein Spiegelbild war mir gestohlen worden! Mir blieb das Herz stehen. […] Allein ihre [Giuliettas] Stimme hatte mich verführt, und ich hielt einen bösen Zauber, eine ausgeklügelte Machenschaft für Liebe. Dapertutto, sagte sie, hat dafür gesorgt, dass Sie mir erhalten bleiben, […] Sie werden sich fehlen, Liebster, mir nicht. […] Mit einem gewaltigen Krach flog die Tür auf, Hippel [der Freund] stolperte in den Salon, verfolgt von Dienern, lief in den Spiegel, erkannte sofort, was mir geschehen war, packte einen Stuhl und zerschlug das Glas. Es zersplitterte in ungezählte Stücke. Verdutzt beugte ich mich und fand mich in einem Scherben wieder. Ich war gerettet. […]

Sfavilla **ital. »Funkle!«**

Ingo Zimmermann

Hoffmann in Dresden. Erzählung ______ 1985

Dresden 1813. In Zimmermanns Erzählung dirigiert Hoffmann als Musikdirektor der Secondaschen Operntruppe Mozarts »Zauberflöte«, beginnt mit der Komposition der »Undine« und wird gleichzeitig durch die Kriegswirren in der von napoleonischen Truppen besetzten Stadt zu der Frage gedrängt, wie Kunst und Leben zusammenhängen:

Er geht noch einmal auf die Galerie [Gemäldegalerie]. Das Gespräch mit Schweigart beschäftigt ihn noch. Wie soll er dem jungen Maler erklären, was es heißt, am Tage seinen bürgerlichen Pflichten zu genügen, um das tägliche Brot zu verdienen, in freien Stunden aber und in der Nacht sich aus dem nüchternen Broterwerbsdasein fortzustehlen ins Reich der Musik und der Poesie und dort ein andrer zu sein in einem anderen Leben? [...]

Eine träumerische Stimmung beschleicht ihn.

Hat unser Herr Schweigart Sie mir zuverlässig beschrieben, so habe ich mit Herrn Musikdirektor Hoffmann die Ehre?, hört er jemand sagen. Er sieht einen würdigen Herrn vor sich, der ihn mit lebhaften Augen mustert.

Sie sind hier, Exzellenz?, bringt er verwirrt hervor. Wie haben Sie in dieser argen Zeit Weimar verlassen können?

Beschwerlich genug, nickt Goethe, doch forderte meine gewisse Leidenschaft für diese herrliche Sammlung die Reise. Ich befürchtete gar, die Furie des Krieges könnte in barbarischer Unbesonnenheit vor diesem Heiligtum der Kunst ihrem Rasen nicht Einhalt getan haben. Doch haben die Götter die schützende Hand ausgestreckt.

Wenn sie auch uns nur besser bewahrt hätten in all dem Elend, sagt Hoffmann.

Wie beklagen Sie sich, sind Sie doch wohlbehalten an Leib und Leben vor mir, beschwichtigt ihn der Geheime Rat. Und sehen Sie, mein Bester, einem schöpferischen Geist wird überall reges Tätigsein zur Gesundung helfen. Herr Schweigart vertraute mir, dass Ihnen zuweilen sonderbar krankhafte Gefühle verursacht werden?

Kann man nicht alle gesunde Vernunft verlieren bei so viel Jammer und Trostlosigkeit, wie wir sie erlebten?, fragt Hoffmann. Doch hat mich gerade in dieser düstern Zeit das Schreiben so angesprochen, dass ich oft plötzlich vor dem geöffneten Tor eines wunderbaren Zauberreiches stehe. Da komme ich aus dem Staunen über das ganze herrliche Leben nicht heraus.

Goethe zieht die Brauen bedenklich zusammen. Die Einbildungskraft ist ein schönes Vermögen, sagt er, nur mag ich nicht gern, wenn sie das, was wirklich geschehen ist, verarbeiten will. Die luftigen Gestalten, die sie uns erschafft, sind uns als Wesen einer eigenen Gattung sehr willkommen. Verbunden mit der Wahrheit bringt die Einbildungskraft meist nur Ungeheuer hervor und scheint mir alsdann mit dem Verstand und der Vernunft im Widerspruch zu stehen.

Ich will kein Leben als Dichter, ich schreibe, um das Leben nicht zu verfehlen. Mich ruft das geheimnisvolle, schreckliche, herrliche Leben.

Mit diesem letzten Satz eilt Hoffmann von der Galerie, und die Nächststehenden sehen dem verwunderlichen kleinen Mann im abgetragenen braunen Frack kopfschüttelnd nach, der wohl soeben ein lautes Selbstgespräch geführt hat.

Henning Boëtius

Undines Tod. Roman ______ 1997

Berlin 1817. Der Mord an der Tänzerin Amandine hat den Kammergerichtsrat, Schriftsteller und Komponisten Philipp Kreisler bewegt, zusammen mit dem befreundeten Schauspieler Ludwig Freundt die kriminalistischen Ermittlungen aufzunehmen. Dabei stoßen die beiden unter anderem auf einen Theatermaschinisten, der einen Automatenmenschen konstruiert, sowie auf einen Schüler des berühmt-berüchtigten Naturwissenschaftlers Spallanzani, sie nehmen an der spektakulären Darbietung eines Magnetiseurs teil, lassen sich in

Spallanzani → Seite 124

mesmeristische → Seite 125
dubioses zweifelhaftes

haarsträubende mesmeristische Therapieversuche hineinziehen und besuchen ein dubioses Irrenhaus. Gewisse Vorgänge hinter den Kulissen des Königlichen Schauspielhauses bringen sie auf eine Erfolg versprechende Spur.

Es war fast noch schwerer, ein Treffen mit Carlo Spinola, dem Theatermaschinisten des Hauses am Gendarmenmarkt, zu arrangieren als mit dem Ballettmeister Legrand. […] Kreisler griff zu einer List: er besaß eine alte Spieldose. Sie war sehr kostbar. Wenn man sie aufzog, drehten sich auf ihrem Deckel ein Pianist samt Flügel und eine Sängerin. Die Hände des Pianisten bewegten sich über die Tasten. Musik erklang. Der Mund der Sängerin öffnete und schloss sich stumm dazu. Dies war nicht immer so gewesen. Kreisler erinnerte sich, dass er einst als kleiner Junge die Dame hatte singen hören. […]

Kreisler hörte ihn schon auf der Treppe poltern, und als Spinola die Tür öffnete, erschrak er über dessen imposante Gestalt. Waren Italiener nicht gewöhnlich klein und dunkelhaarig? Dieser Mann hier war von riesenhafter Statur. Seine Haare waren grau gelockt, und seine Gesichtszüge wirkten edel, die Augen grau wie die Haare, die Lippen sinnlich und voll, die Stirn hoch und die Nase kräftig. […]

Als er die Spieldose sah, die Kreisler auf den Tisch gestellt hatte, ging er geradewegs darauf zu. Er hob sie hoch, drehte den Schlüssel, hielt sie ans Ohr und stellte sie dann wieder ab […]. Er öffnete sein Kistchen, und eine Vielzahl von blitzenden Wunderdingen wurde sichtbar. Feinste Zangen, Schraubenzieher, Pinzetten, Messerchen, Feilen, das Werkzeug eines Uhrmachers und Feinmechanikers. Spinola kniff sich ein Uhrmachermonokel ins Auge und begann die Spieldose zu zerlegen. Die Bewegungen seiner großen Hände waren von der Präzision und Sicherheit eines Chirurgen. Die Sektion der

Sektion Leichenöffnung

Spieldose schien ihm Freude zu bereiten, denn ein unerwartetes Lächeln umspielte seinen Mund.

[…] Nachdem er aus dem Korpus der Dose alle möglichen Walzen, Zahnräder, Saiten und Hebel entfernt hatte, demontierte er die beiden Figuren. Dann hielt er die Sängerin gegen das Licht. Ein hübsches Püppchen mit blonden Haaren, einem großlippigen Mund, glänzenden roten Backen. Feine Drähte und ein Röhrchen hingen unter ihrem Rock heraus […].

Spinola […] sagte […], ohne sich dabei Kreisler zuzuwenden: »Sie ist nicht krank. Sie ist tot. Es wird nicht leicht sein, sie wieder zum Leben zu erwecken. Nichts ist schwerer als die Nachahmung der menschlichen Stimme mit mechanischen Mitteln. […] Der Konstrukteur dieses hübschen Spielzeugs hat gute Arbeit geleistet, aber er hat das Wesen der menschlichen Stimme verkannt. Er hat versucht, sie mittels kleiner Pfeifen zu imitieren. […]. Der Blasebalg ist defekt, ebenso einige der Claves, der Taster, die die Noten auf der Walze abgreifen. Ich kann das reparieren, dann wird die Dame wieder wie ein Vogel zwitschern, aber singen wird sie nicht.« […]

Spinola packte sein Werkzeug zusammen und legte dann die mit Seidenpapier umwickelten Einzelteile der Spieldose mit größter Behutsamheit in den Karton, den Kreisler geholt hatte. »Wissen Sie, was ich glaube? Die Spieldose war nur ein Vorwand, mich hierherzubitten. Sie haben mich geholt, weil ein gewisser Verdacht in Ihrem Hirn seltsame Blüten treibt. Sie sind rot, und sie riechen faulig und süß.« Mit diesen Worten ging er zur Tür und verschwand.

Kreisler sah vom Eckfenster aus, wie Spinola zum Theater hinüberging und dort in einem Seiteneingang verschwand.

»Mein Freund, dich werde ich aufs rechte Brotende stecken müssen«, murmelte er.

Arbeitsanregungen

1. Im Klappentext zu Peter Härtlings Roman (»Romanze«) »Hoffmann oder Die vielfältige Liebe« heißt es über E.T.A. Hoffmann, er »springe« dem Leser aus diesem Roman »buchstäblich entgegen«.
   Sammeln Sie anhand des Auszugs auf S. 106f. in einer Gruppe Textbelege für oder gegen dieses Urteil über den Roman. Eine zweite Gruppe sollte den Textauszug aus der Erzählung »Hoffmann in Dresden« (S. 107–109) untersuchen, eine dritte Gruppe den Textauszug aus dem Roman »Undines Tod« (S. 109–111): Was für ein Mensch und Dichter E.T.A. Hoffmann begegnet Ihnen in den Texten? Schafft der Erzähltext es jeweils, Hoffmann dem heutigen Leser nahe zu bringen? Referieren und diskutieren Sie die Gruppenergebnisse im Plenum.

2. Auf welche Weise spiegeln sich Handlungsmotive des »Sandmann« in den Texten von Härtling und Boëtius? Zitieren Sie in Frage kommende Textstellen (einzelne Wörter oder Wendungen) und stellen Sie diesen in einer zweispaltigen Tabelle die parallelen Textstellen des »Sandmann« gegenüber.

3. Inwieweit findet sich in dem Text von Zimmermann (S. 107–109) das Urteil Goethes (1827) über Erzählungen Hoffmanns (besonders über den »Sandmann«), diese Geschichten seien »fieberhafte Träume eines leicht beweglichen kranken Gehirns«? Teilen Sie Goethes Urteil?

4. Dialogisieren Sie in Gruppen die drei Texte, üben Sie die drei Hoffmann-Szenen ein und führen Sie sie vor einem Publikum auf. Welchen Titel geben Sie der Szenenfolge?

Alfred Kubin

E.T.A. Hoffmann – Nachtstücke 1913

Jacques Offenbach/Jules Barbier

Hoffmanns Erzählungen. Oper 1880

Die Rahmenhandlung der Oper »Hoffmanns Erzählungen« von Jacques Offenbach: In Lutters Weinstuben in Berlin ist eine lustige Gesellschaft bei Wein und Gesang versammelt. Der Dichter und Zechkumpan Hoffmann ist unglücklich in eine schöne Sängerin verliebt. Die träumerischen Gedanken an sie beschwören in ihm Erinnerungen an seine drei früheren ebenfalls unglücklich verlaufenen Lieben herauf. Seine Freunde fordern ihn auf zu erzählen. Drei Akte der Oper – drei Erzählungen Hoffmanns – drei Geliebte: die Puppe Olympia (entsprechend dem »Sandmann«, ohne die Kindheitsgeschichte, ohne die Liebe zu Clara, ohne tödlichen Schluss), die Kurtisane Giulietta (»Die Abenteuer der Silvesternacht«), die Sängerin Antonia (»Rat Krespel«).

Szenenfoto aus der Oper »Hoffmanns Erzählungen« (Hamburg 1999)

Zur Aufführung der Oper »Hoffmanns Erzählungen« von Jacques Offenbach in Hamburg (Regie Andreas Baesler, Januar 1999) schreibt Jürgen Kanold in der »Südwest Presse« (Ulm) am 27. 1. 1999 unter dem Titel »Der Dichter Hoffmann (Marcus Haddock) in der virtuellen Erotik-Welt: Cyber-Sex mit Olympia«:

»Sinnfällig heutig gelingt Baesler der Olympia-Akt, Hoffmanns Liebe zur Automaten-Puppe. Mit stereoskopischer Brille und Tasthandschuh erlebt der Dichter nur virtuelle Erotik. Olympia ist ein sexy Cyber-Girl.«

Zur Aufführung der Oper in Salzburg (Regie David McVicar, Juli 2003) schreibt Otto Paul Burckhardt in der »Südwest Presse« (Ulm) vom 1. 8. 2003:

»Hoffmann [...] springt sozusagen in seine eigenen Rauschfantasien hinein, bewegt sich ständig in diesem Teufelskreis – zwischen Traum-Sphäre und realem Drogen-Elend, zwischen Fiktion und Wirklichkeit. [...] Hoffmann, der Narziss.«

Narziss
jemand, der nur sich selbst liebt

Szenenfoto aus »Hoffmanns Erzählungen« (Salzburg 2003)

M

Eckhart Schmidt

E.T.A. Hoffmanns »Der Sandmann«. Film ____ 1993

Daniel und Clara sind unterwegs nach Italien. Sie ist der Meinung, es gehe um eine romantische Urlaubsreise, offensichtlich hat Daniel aber ein anderes Ziel. Es stellt sich erst allmählich heraus, dass er in der Stadt seiner Kindheit Antworten auf Fragen sucht, die ihn seit dem abrupten, katastrophalen Ende seiner Kinderjahre verfolgt haben. Clara ist verwirrt, sie versteht nicht, warum Daniel auf dem Gelände des rätselhaften Industriellen Coppola herumschleicht. Dort sieht Daniel Coppolas Tochter, eine eigenartig starr wirkende, unnahbare schöne junge Frau. Unrettbar verliebt er sich in sie. Clara reist verärgert nach Venedig ab. Die eigentlichen Probleme nehmen aber erst ihren Anfang, als Olimpia – so heißt die fremde junge Frau – Daniels Liebe zu erwidern beginnt und Daniel entdeckt, dass sie ein Android ist. Was bedeutet Liebe für einen künstlichen Menschen? Wie sieht dessen Innenleben aus? Wie kann ein Mensch einen Androiden lieben, seelisch, körperlich? Es geht in dieser Liebe um Leben und Tod, auch um Leben und Tod des Mannes, der sich Coppola nennt und der die Katastrophe in Daniels Kindheit zu verantworten hat. – »Sinnlichkeit und Melancholie, Kunst und Trash, high and low culture« sind nach Meinung der Filmpresse in Schmidts Filmen, die häufig an literarischen Klassikern orientiert sind, keine Gegensätze; sein großes Thema ist »die bedingungslose Liebe, die großartige, oft selbstzerstörerische Sehnsucht nach dem Anderen«. (Hans Schifferle)

Trash **Massenprodukt**

Jeder tötet, was er liebt
E.T.A. MEDIEN
E.T.A. Hoffmanns
DER SANDMANN
Best.-Nr.
EM 929
E.T.A. Hoffmanns
DER SANDMANN
E.T.A. HOFFMANNS "THE SANDMANN" MIT LORENZO FLAHERTY STELLA VORDEMANN
SABRINA PARAVICINI JOHN KARLSEN UND ERIK SCHUHMANN
SPEZIAL EFFECTS COLIN H. ARTHUR KAMERA JOHANNES KIRCHLECHNER SCHNITT RAOUL STERNBERG
SCRIPT CONTINUITY SHARRON GOLD MASKE DOROTHEA GOLDFUSS TONSCHNITT FEONA MARSHALL
KOSTÜM SIBILLA PAVENSTEDT AUFNAHMELEITUNG FELICITAS NOWAK EIN ECKHART SCHMIDT FILM
MUSIK FRÉDÉRIC CHOPIN (GESPIELT VON IDIL BIRET) ANTONIO VIVALDI
PRODUKTIONSLEITUNG ANJA SCHMIDT-ZÄRINGER UND KARL MARGRAF
EINE RAPHAELA-FILM PRODUKTION IN ZUSAMMENARBEIT MIT PROVOBIS-FILM

M

Dino Battaglia

E.T.A. Hoffmann: Der Sandmann. Comic

um 1970

Arbeitsanregungen

1. Von Kubins Zeichnungen ist gesagt worden, sie setzten »das Zugleich von fast heiterer Lebenswelt und dämonischem Abgrund ... meisterhaft ins Bild«. Lässt sich dies von den vorliegenden drei »Sandmann«-Zeichnungen (von insgesamt acht) sagen? Begründen Sie Ihre Meinung. Welche Textstellen würden Sie für ähnliche Zeichnungen aussuchen?

2. »Cyber-Sex mit Olimpia« – »Zwischen Traum-Sphäre und realem Drogen-Elend«: Welche der beiden Inszenierungs-Konzeptionen der Olimpia-Handlung in Offenbachs Oper leuchtet Ihnen eher ein? Warum? Auf welche Kurzformel würden Sie *Ihre* Konzeption einer Inszenierung des Olimpia-Aktes bringen (orientiert an der Erzählung, wie Sie sie kennen), wenn Sie die Möglichkeit zu einer solchen Inszenierung hätten? Begründen Sie Ihre Entscheidung.

3. »Die Wahrnehmungsbrüche der Figuren [der Erzählung] finden bei Battaglia [1923–1983] ihr Widerspiel in Bildaufteilung und -folge«. Zeigen Sie dies an den Bildern der siebten von acht Seiten des »Sandmann«-Comics von Dino Battaglia (S. 118).

4. Versuchen Sie eine Video-Kassette des Films von Eckhart Schmidt auszuleihen. Sehen Sie sich den Film an. Diskutieren Sie: »Bedingungslose Liebe« und darin »großartige, oft selbstzerstörerische Sehnsucht« – trifft das auf den Film zu? Trifft es auf Hoffmanns Erzählung zu?

5. »Mediale Gestaltung« des »Sandmann«: Stellen Sie eine multimediale »Sandmann«-Präsentation zusammen.

Textquellen

Boëtius, Henning: Undines Tod. München: Goldmann 1999. [1997.] S. 117–122.

Burckhardt, Otto Paul: Rezension zu »Hoffmanns Erzählungen«. Aus: Südwest Presse (Ulm) vom 1. 8. 2003.

Drux, Rudolf: Der Mythos vom künstlichen Menschen. Aus: Der Frankenstein-Komplex. Kulturgeschichtliche Aspekte des Traums vom künstlichen Menschen. Hrsg. von R. D. Frankfurt/M.: Suhrkamp 1999. S. 32.

Friedhoff, Stefanie: Eine Puppe mit Innenleben. In den USA kommt der erste Roboter in großer Stückzahl auf den Markt – verkleidet als Spielzeug-Baby. Aus: Süddeutsche Zeitung vom 10. 10. 2000. S. V2/11.

Fühmann, Franz: Fräulein Veronika Paulmann aus der Pirnaer Vorstadt oder Etwas über das Schauerliche bei E.T.A. Hoffmann. [Rostock 1979.] München: Deutscher Taschenbuch Verlag 1984. S. 56.

Günzel, Klaus: Die Verschränkung zweier Welten. Aus: Die Zeit Nr. 27/1997. S. 12.

Härtling, Peter: Hoffmann oder Die vielfältige Liebe. Eine Romanze. Köln: Kiepenheuer & Witsch 2002. [2001.] S. 179–181.

Hilscher, Eberhard: Hoffmanns poetische Puppenspiele und Menschmaschinen. Aus: E.T.A. Hoffmann. Sonderband Text + Kritik. Hrsg. von Heinz Ludwig Arnold. München: edition text + kritik 1992. S. 20f.

Hoffmann, E.T.A.: Der Sandmann. Aus: E.T.A. Hoffmann: Sämtliche Werke in sechs Bänden. Hrsg. von Wulf Segebrecht und Hartmut Steinecke. Bd. 3. Hrsg. von Hartmut Steinecke unter Mitarbeit von Gerhard Allroggen. Frankfurt/M.: Deutscher Klassiker Verlag 1985. S. 11–49. (Die Orthografie wurde den gültigen Regeln angepasst; Eigenheiten der Interpunktion wurden beibehalten.)

Hoffmann, E.T.A.: Der Magnetiseur. Eine Familienbegebenheit. Aus: E.T.A. Hoffmann. Fantasie- und Nachtstücke. Hrsg. und mit einem Nachwort von Walter Müller-Seidel. München: Winkler 1976/1979. Lizenzausgabe der Wissenschaftlichen Buchgesellschaft Darmstadt 1985. S. 172–174.

Hoffmann, E.T.A.: Schauen mit den Augen des Geistes [Der Einsiedler Serapion]. Aus: E.T.A. Hoffmann: Die Serapionsbrüder. München: Winkler 1976/1979. Lizenzausgabe der Wissenschaftlichen Buchgesellschaft Darmstadt 1985. S. 20; 22f.; 26f.

Hoffmann, E.T.A.: Die Automate. Aus: E.T.A. Hoffmann: Die Serapionsbrüder. (siehe vorangegangenen Quellennachweis) S. 343; 330f.; 346.

Hoffmann, E.T.A.: Erscheinungen. Aus: E.T.A. Hoffmann: Die Serapionsbrüder. (siehe vorangegangenen Quellennachweis) S. 864f.

Kanold, Jürgen: Rezension zu »Hoffmanns Erzählungen«. Aus: Südwest Presse (Ulm) vom 27. 1. 1999.

Kremer, Detlef: Die Zirkel des Begehrens und der Wahrnehmung: Der Sandmann (1816). Aus: D.K.: E.T.A. Hoffmann. Erzählungen und Romane. Berlin: Erich Schmidt Verlag 1999. S. 64 f.

La Mettrie, Julien Offray de: Der Mensch – eine Maschine. Aus: J.O.LaM.: L'homme machine. Leyden 1748. Zitiert nach: Neue Technologien und Allgemeinbildung. Hrsg. vom Niedersächsischen Kultusministerium. Bd. 5: Deutsch. Anregungen für den Unterricht. Hannover: Berenberg 1992. S. 343.

Lexikon der Symbole: Auge. Aus: Lexikon der Symbole. München: Droemer Knaur 1998. S. 42 f.

Matt, Peter von: Phantasmen. Aus: P.v.M.: Die Augen der Automaten. E.T.A. Hoffmanns Imaginationslehre als Prinzip seiner Erzählkunst. Tübingen: Max Niemeyer Verlag 1971. S. 21-23.

Mayer, Helmut: Olimpias Nachfahren. Aus: H. M.: Editorial. Aus: Maschinenwelten. Hrsg. von H.-J. Balmes, J. Bong, H. Mayer. Neue Rundschau 114 (2003) H. 2. S. 5.

Neumann, Gerhard: Sehen als Konflikt zwischen Bewusstsein und Unbewusstem. Aus: G. N.: E.T.A. Hoffmann. Der Sandmann. Aus: Meisterwerke der Literatur. Hrsg. von Reinhard Brandt. Leipzig: Reclam 2001. S. 197 f.; 213–216; 186.

Ovid: Metamorphosen. Lateinisch/Deutsch. Übersetzt und hrsg. von Michael von Albrecht. Stuttgart: Reclam 1994. S. 527; 529; 531.

Reil, Johann Christian: Fixer Wahnsinn. Aus: J. Ch. R.: Rhapsodieen über die Anwendung der psychischen Curmethode auf Geisteszerrüttungen. [Halle 1803.] Zitiert nach: E.T.A. Hoffmann. Der Sandmann. Erläuterungen und Dokumente. Hrsg. von Rudolf Drux. Stuttgart: Reclam 1994. S. 136–138.

Rohrwasser, Michael: Der Machtkampf um die Augen. Aus: M. R.: Optik und Politik. Die Figur des Zauberers bei E.T.A. Hoffmann. Aus: E.T.A. Hoffmann. Sonderband Text + Kritik. Hrsg. von Heinz Ludwig Arnold. München: edition text + kritik 1992. S. 38–40.

Safranski, Rüdiger: In der Gewalt der Geschichte. Aus: R.S.: E.T.A. Hoffmann. Das Leben eines skeptischen Phantasten. München/Wien: Hanser 1984. S. 273 f.; 276 f.; 291 f.

Segebrecht, Wulf: E.T.A. Hoffmann – Schule des Sehens. Aus: W. S.: Was man in E.T.A. Hoffmanns Schule lernen kann. http://www.eta.bnv-bamberg.de/hoffmann/segbrcht.htm (21. 8. 03).

Steinecke, Hartmut: Nachtstücke. Aus: H. St.: E.T.A. Hoffmann. Reihe Literaturstudium. Stuttgart: Reclam 1997. S. 100–103.

Zimmermann, Ingo: Hoffmann in Dresden. Erzählung. Berlin: Union Verlag 1985. S. 149–151.

Bildquellen

Seite 52 oben: E.T.A. Hoffmann: Selbstporträt (um 1815). © AKG, Berlin.
Seite 52 unten links: Wilhelm Hensel: Hoffmann (1821). © bpk, Berlin.
Seite 52 unten rechts: Horst Janssen: Hoffmann (1974). © VG Bild-Kunst, Bonn, 2004.
Seite 56: Carl Heinrich Beichling: Das alte Hoftheater in Dresden. Staatsbibliothek Bamberg.
Seite 57: Das Königliche Schauspielhaus zu Berlin. © bpk, Berlin.
Seite 58: Berlin Charlottenstraße. Stadtmuseum, Berlin.
Seite 66: Autograph Hoffmanns. Aus: Johannes Häfner: E.T.A. Hoffmann: Der Sandmann. Faksimile-Ausgabe als Gesamtkunstwerk. Berliner Bibliophilen-Abend 1998. S. 4.
Seite 70: E.T.A. Hoffmann: Karikatur Napoleons. Aus: Goethe und seine Zeit. Salzburg: Andreas & Andreas 1982. S. 327.
Seite 74: Daniel Chodowiecki: Der Magnetiseur (1790). Aus: Rüdiger Safranski: E.T.A. Hoffmann. München: Hanser 1984. S. 298.
Seite 76: E.T.A. Hoffmann: Zeichnung zum »Sandmann«. Aus: E.T.A. Hoffmann. Mit Selbstzeugnissen und Bilddokumenten dargestellt von Gabrielle Wittkop-Ménardeau. Reinbek bei Hamburg: Rowohlt Taschenbuch Verlag 1966. S. 122.
Seite 80: E.T.A. Hoffmann: Kreisler im Wahnsinn. Aus: Hartmut Steinecke: E.T.A. Hoffmann. Stuttgart: Reclam 1997. S. 183.
Seite 94: Louis-Jean-François Lagrenée: Pygmalion und Galatea (1781). akg-images, Berlin.
Seite 96: J. G. und F. Kaufmann: Trompeter (1808–1810). Aus: Lienhard Wawrzyn: Der Automaten-Mensch. Berlin: Wagenbach 1976. S. 102.
Seite 99: Schach spielender Türke. Aus: E.T.A. Hoffmann. Mit Selbstzeugnissen und Bilddokumenten dargestellt von Gabrielle Wittkop-Ménardeau. Reinbek bei Hamburg: Rowohlt Taschenbuch Verlag 1966. S. 104.
Seite 104: Roboter-Puppe »My Real Baby«. © Volker Steger/SPL/Agentur Focus.
Seite 113: Alfred Kubin: Zeichnungen zum »Sandmann«. © Spangenberg Verlag GmbH, München 1975.
Seite 114: Szenenfoto »Hoffmanns Erzählungen« (Hamburg 1999). © dpa.
Seite 115: Szenenfoto »Hoffmanns Erzählungen« (Salzburg 2003). © AP.
Seite 117: Cover zu: E.T.A. Hoffmanns Der Sandmann. Ein Film von Eckhart Schmidt. © Raphaela Film München 1993.
Seite 118: Dino Battaglia: Der Sandmann. Comic. Aus: Dino Battaglia: Der Sandmann – Das öde Haus. Von E.T.A. Hoffmann. Stuttgart: Altamira Verlag 1990. S. 12.

Anmerkungen

S. 9

Clara Der Name bedeutet (lat.) »die Klare, Aufgeklärte, Vernünftige«.

S. 9

aberwitzigen Geisterseher Einerseits gilt jemand als Geisterseher, der so unvernünftig (»aberwitzig«) ist, in wirklichen Personen und Dingen »Geister« zu sehen. Andererseits wird bestimmten, durchaus für vernünftig gehaltenen Menschen zugetraut, mit ihren Sinnen (Auge und Ohr) Über-Sinnliches wahrzunehmen und »Geister« beschwören und erscheinen lassen zu können. Hoffmann bezieht sich auf den Titel von Schillers Roman »Der Geisterseher« (1787).

S. 10

wie Franz Moor den Daniel Hoffmann bezieht sich hier auf Schillers Drama »Die Räuber« (5. Akt, 1. Szene): Franz Moor, fast wahnsinnig vor Angst, erzählt dem Diener Daniel seine furchtbaren Angstträume und bittet ihn, er solle ihn »derb auslachen«.

S. 11

Sandmann In mehreren Märchen kommt der Sandmann vor, der den Kindern Sand in die Augen streut, dass sie rechtzeitig einschlafen. Das tut er auf freundliche Weise. Hoffmann verbindet diesen Märchenstoff mit dem Märchenmotiv des schwarzen Mannes und Kinderfressers, der ungehorsame Kinder bedroht, und verwandelt dadurch den Sandmann in eine böse, gefährliche Figur.

S. 11

Thanelchen Koseform von Nathanael. Nathanael (hebr.) bedeutet »Der Herr [Gott] hat es gegeben« – vielleicht ein Hinweis darauf, dass Nathanael schon immer dem Wirken einer jenseitigen Schicksalsmacht unterworfen ist. Andererseits entspricht die Bedeutung von »Nathanael« der des griechischen Namens »Theodor«, des zweiten Vornamens von E.T.A. Hoffmann.

S. 13

Coppelius Die Namen »Coppelius« (lateinische Form des

Namens) und »Coppola« (italienische Form) stellen einen Bezug zu dem Augenmotiv der Erzählung her. Italienisch »coppo« bedeutet »Becher, Schale«, übertragen auch »Augenhöhle«. »Coppella« (ital.) ist eine Bezeichnung für den Schmelztiegel, in dem die Alchimisten chemische Stoffe miteinander mischen und voneinander trennen.

S. 16

Augen her Augen spielten bei alchimistischen Experimenten (s.u.) zur Zubereitung magischer Elixiere eine wichtige Rolle. Unabhängig davon gilt das Auge als Spiegel der Seele.

S. 16

Der Alte hat's verstanden! In Goethes »Faust I« bezeichnet der »Teufel« Mephistopheles Gott, »den Herrn«, als »den Alten« (Prolog im Himmel, V. 350).

S. 19

Giuseppe Coppola Vgl. Anmerkung zu »Coppelius«, S. 123.

S. 20

alchymistische Versuche Die Alchimie (arabisch »die Chemie«) war im Mittelalter und zu Beginn der Neuzeit (zum Teil auch noch zu Hoffmanns Zeiten) die als Wissenschaft verstandene »Beschäftigung mit chemischen Stoffen mit dem Ziel, die Materie durch Läuterung aus einem unvollkommenen in einen vollkommenen Zustand zu bringen« (Meyers Lexikon). Da nach Meinung der Alchimisten der vollkommenste Stoff, Gold, in jedem materiellen Stoff enthalten war, bemühten sie sich, aus allen möglichen unvollkommeneren Materialien Gold zu gewinnen, und zwar mit Hilfe des »Steins der Weisen« – der freilich selber erst noch zu entdecken war. Darin verstanden sie ihre Tätigkeit auch als Versuch, zu erkennen, »was die Welt im Innersten zusammenhält« (Faust I, V. 382 f.). Einige Alchimisten sahen als ihr Ziel auch die Erzeugung eines künstlichen Menschen, des »Homunculus«, im Reagenzglas. Das stellt Goethe später in einer Szene im »Faust II« (Zweiter Akt, Laboratorium) dar.

S. 23

Spalanzani Der Name ist angelehnt an den Namen des berühmten italienischen Naturforschers Lazzaro Spallanzani (1729–1799), dessen Theorie der Urzeugung und Experimente der künstlichen Befruchtung von Fröschen und Hunden damals viel diskutiert wurden.

S. 23

Cagliostro Alessandro Graf von Cagliostro, eigentlich Giuseppe Balsamo (1743–1795), italienischer Abenteurer, Geisterbeschwörer und Alchimist, wurde in höchsten gesellschaftlichen Kreisen aufgenommen; wegen seiner Betrügereien musste er häufig seinen Aufenthaltsort wechseln.

S. 23

Chodowiecki Daniel Chodowiecki (1726–1801), deutscher Maler, Zeichner und Kupferstecher polnischer Herkunft, schuf über 2000 Radierungen: Szenen aus der Gesellschaft seiner Zeit, Illustrationen zu Almanachen, Taschenkalendern und literarischen Werken (die Darstellung Cagliostros findet sich im »Berliner genealogischen Kalender auf das Jahr 1789«).

S. 24

Olimpia Italienische Schreibung von »Olympia«: »die aus dem Olymp (dem Götterhimmel der Griechen) Stammende, die Himmlische«.

S. 27

Magdalenenhaar ... von Battonischem Kolorit Hoffmann kannte das Bild der »Büßenden Magdalena« des italienischen Malers Pompeo Girolamo Battoni (1708–1787) von Besuchen der Dresdner Gemäldegalerie.

S. 40

Legende von der toten Braut Hoffmann kannte die »Legende« vom nächtlichen Besuch einer Toten bei ihrem Geliebten aus Goethes Ballade »Die Braut von Korinth« (1798).

S. 67

Magnetismus Angebliche Fähigkeit mancher Menschen, z. B. durch Handauflegen Heilkräfte auszustrahlen; »magnetische« Praktik des **Mesmerismus** (Heilung durch einen tranceähnlichen Zustand), einer psychotherapeutisch verstandenen Lehre des deutschen Arztes Franz Anton Mesmer (1734–1815), der 1775 seine Entdeckung einer Kraft mit außerordentlicher Wirkung auf den menschlichen Körper, ähnlich dem Magnetismus, veröffentlichte (im Unterschied zum »mineralischen Magnetismus«: »animalischer Magnetismus«). Mesmers

Lehre wurde von den Zeitgenossen heftig diskutiert. In Deutschland wurde der Mesmerismus vor allem durch den Arzt J. F. Koreff bekannt, mit dem E.T.A. Hoffmann in Berlin befreundet war. Hoffmann hat wohl nicht an der Wirksamkeit der magnetischen Praktiken gezweifelt, er hat aber auch die mit ihnen verbundenen Gefahren gesehen. Heute gilt die Methode des Mesmerismus als Wegbereiterin der Hypnose, die als Heilmethode bei einigen Erkrankungen anerkannt wird.

S. 71

Schlacht bei Dresden Die letzte von Napoleon mit einem Sieg beendete Schlacht (25./26. 8. 1813) forderte Zehntausende von Toten und Verwundeten. Am 29. 8. 1813 suchte Hoffmann das Schlachtfeld vor der Stadt auf; seine erschütternden Erlebnisse dort hat er in der tagebuchartigen Schrift »Drei verhängnisvolle Monate« (1813) für seine Bamberger Freunde aufgezeichnet. Die Schrift »Die Vision auf dem Schlachtfelde bei Dresden« erschien Anfang 1814 als Flugschrift in Bamberg.

S. 78

Cyprian Hinter dem Serapionsbruder Cyprian verbirgt sich der Berliner Arzt und Schriftsteller Johann Ferdinand Koreff, Freund Hoffmanns, Vertreter des Mesmerismus.

S. 78

unterhalten Auf ähnliche Weise trafen sich die Dichter Hoffmann, Chamisso, Contessa und der Arzt Koreff sowie andere Freunde seit 1814, zunächst wöchentlich in einem Berliner Kaffeehaus, später mehrfach in Hoffmanns Berliner Wohnung, und nannten sich »Seraphinen-Orden«.

S. 78

Pinel, Reil Philippe Pinel (1745–1826), französischer »Irrenarzt«, »Abhandlungen über Geistesverwirrung oder Manie«, Paris 1801; Johann Christian Reil (1759–1813), deutscher Mediziner (Physiologie des Nervensystems), »Über die Erkenntnis und Cur der Fieber«, Halle 1802; Gründungsprofessor der Berliner Universität 1810 (vgl. den Text auf S. 81 f.).

S. 79

Geist In der romantischen Philosophie das innerste Wesen des Menschen; zur Erkenntnisfähigkeit des Geistes gehört eine innere Anschauung (»Augen des Geistes«), der Blick in das

Wesen der Dinge, unter die Oberfläche; auch die Fähigkeit der Imagination, Fantasie.

S. 79

Maschinen Serapion redet mechanistisch vom menschlichen Erkennen und Handeln, hält aber nichts von den mechanischen, äußeren Organen; nur dem inneren Organ »Geist« gesteht er Erkenntnis zu.

S. 80

Kreisler Der exzentrische Kapellmeister Johannes Kreisler ist der Protagonist in E.T.A. Hoffmanns Erzählungen »Kreisleriana« in den »Fantasiestücken in Callots Manier«; ihm wird dort eine »bis zur zerstörenden Flamme aufglühende Fantasie«, andererseits aber auch ironische Distanz zugeschrieben.

S. 90

transzendenzlosen Welt Eine Welt, die nicht mehr durch einen letzten, jenseitigen Halt abgesichert ist.

S. 91

korrelativ gedachten Paradigmen Sich wechselseitig bedingende Muster, Welt und Mensch zu verstehen.

S. 95

La Mettrie Französischer Arzt und Philosoph (1709–1751); Vertreter des Materialismus und Mechanismus.

S. 96

de Vaucansons Jacques de Vaucanson, Konstrukteur von berühmten Maschinen und Automaten (1709–1782).

S. 96

Flötenspieler Der Gutachter der Pariser Akademie der Wissenschaften bescheinigte damals der Maschine (dem Flötenspieler), sie ahme alles nach, »was der Mensch [mechanisch zum Flötespielen] zu tun gezwungen ist«, sodass die Menschen, die diesen Automaten in ganz Europa bewunderten, zu der Einsicht kommen konnten: »Gekonntes Vorspielen auf einer Querflöte zur Ergötzung des Publikums war auch ohne Steuerung durch das Zentralorgan der Seele möglich« und »der Unterschied zwischen einem menschlichen Flötisten und dem Androiden« war hinfällig.

S. 96

Prometheus In griechischen Sagen erschafft Prometheus die Menschen und gilt als erster Techniker.

S. 97

Homunculi und Golems Ein Homunculus ist ein nach alchimistischer Lehre im Reagenzglas erzeugtes »Menschlein«. Homunculus-Experimente gab es seit dem 13. Jahrhundert. Ein Golem ist in der jüdischen Mythologie eine menschenähnliche, lebendig werdende Lehmfigur (vgl. 1. Mose 2,7).

S. 97

serapiontische In Hoffmanns Sammlung »Die Serapionsbrüder« aufgenommene.

S. 101

Cyborg Menschliches Wesen, dessen organische Struktur durch Einsatz von künstlichen Körperteilen besonders widerstandsfähig gemacht worden ist.

S. 101

Zentralinstanz Im Schnittfeld von KI-Forschung (Künstliche Intelligenz) und Roboter-Technik: der Computer (statt des Gehirns) als »denkende« zentrale Instanz, die alle körperlichen Vorgänge steuert.

S. 101

bottom-up organisierten Von einfachsten körperlichen Vorgängen als kleinsten Einheiten ausgehenden und stufenweise zu höheren Einheiten fortschreitenden.